temas da
Vida e da
Morte

Divaldo Pereira Franco
pelo Espírito Manoel Philomeno de Miranda

temas da
Vida e da
Morte

FEB

Copyright © 1988 *by*
FEDERAÇÃO ESPÍRITA BRASILEIRA – FEB

7ª edição – Impressão pequenas tiragens – 4/2025

ISBN 978-85-7328-720-2

Todos os direitos reservados. Nenhuma parte desta publicação pode ser reproduzida, armazenada ou transmitida, total ou parcialmente, por quaisquer métodos ou processos, sem autorização do detentor do *copyright*.

FEDERAÇÃO ESPÍRITA BRASILEIRA – FEB
SGAN 603 – Conjunto F – Avenida L2 Norte
70830-106 – Brasília (DF) – Brasil
www.febeditora.com.br
editorial@febnet.org.br
+55 61 2101 6161

Pedidos de livros à FEB
Comercial
Tel.: (61) 2101 6161 – comercial@febnet.org.br

Adquirindo esta obra, você está colaborando com as ações de assistência e promoção social da FEB e com o Movimento Espírita na divulgação do Evangelho de Jesus à luz do Espiritismo.

Dados Internacionais de Catalogação na Publicação (CIP)
(Federação Espírita Brasileira – Biblioteca de Obras Raras)

M672t   Miranda, Manoel Philomeno de (Espírito)

           Temas da vida e da morte / pelo Espírito Manuel Philomeno de Miranda; [psicografado por] Divaldo Pereira Franco – 7. ed. – Impressão pequenas tiragens – Brasília: FEB, 2025.

           180 p.; 21 cm

           ISBN 978-85-7328-720-2

           1. Espiritismo. 2. Obras psicografadas. I. Franco, Divaldo Pereira, 1927–.II. Federação Espírita Brasileira. III. Título.

CDD 133.93
CDU 133.7
CDE 10.00.00

Sumário

Considerações espíritas   7

Reencarnação – dádiva de Deus   11

Reminiscências e conflitos psicológicos   17

Vida, sono e sonho   23

Pensamento e emoções   29

Pensamento e perispírito   35

Tendências, aptidões e reminiscências   41

Comportamento e vida   45

Destino e responsabilidade   51

Medo e responsabilidade   57

Flagelos e males   63

Temor da morte   69

Ante moribundos   75

Morte e desencarnação   81

Morrendo para viver   87

Processo desencarnatório   93

Perturbação no além-túmulo   97

Suicídio – solução insolvável   103

Suicídio sem dor   107

Horas de angústia   111

Saúde mental   115

Enfermagem espiritual libertadora   121

Relações espirituais   127

Obstáculos à mediunidade   131

Educação íntima   137

Psiquismo mediúnico   143

Calvário de luz   149

Influência do meio e do médium   155

Identificação dos espíritos   161

Fenômenos obsessivos   167

Moradas   171

Considerações espíritas

O estudo sistematizado do Espiritismo é hoje, como foi no passado e será no futuro, uma necessidade que não deve ser postergada sob qual for o motivo que, aparentemente, se apresente como justificado.

Ciência experimental e de observação, utiliza-se o Espiritismo de metodologia3 especial para penetrar no mecanismo dos fenômenos mediúnicos e da reencarnação, "fenômenos naturais e universais", desse modo equacionando um sem número de questões que aturdem e envolvem incontáveis criaturas.

Filosofia otimista, que resulta do estudo do "fato em si", estrutura-se em postulados nobres, ensejando larga cópia de conhecimentos, que podem ser aplicados no comportamento do homem, alterando para melhor a sua existência, ao mesmo tempo em que o prepara para os cometimentos futuros, todos de sabor eterno.

Fundamentado moralmente, na ética sublime do Cristo, é a religião do amor e da caridade, que se converte em superior conduta pessoal, reaproximando a criatura do seu Criador, nesse inexorável fatalismo para o qual ruma, que é a felicidade.

Simples, nas suas colocações e esclarecimentos, exige meditação e análise, a fim de que o aprendiz adquira segurança de fé e lógica decorrente da razão, de modo a compreender as problemáticas da vida, desafiadoras, complexas, vencendo-as com equilíbrio discernimento e paz.

Viajor de mil etapas, nas quais adquire sabedoria e amor, o Espírito necessita de armar-se de experiências iluminativas, graças à reencarnação, para, quando retornar expiando e reparando, e, quando lograr vitória, avançar adquirindo mais amplos valores que se lhe tornam fonte de inexauríveis alegrias e satisfações íntimas.

Identificando as elevadas finalidades da vida, o Espiritismo conscientiza-o da necessidade do esforço pessoal constante, assim superando as más inclinações que lhe remanescem no eu interior, emulando em trabalhar as aspirações nobres que devem ser transformadas em realidades.

O Espiritismo preenche todas as lacunas do conhecimento, apresentando oportunas propostas de renovação e de esclarecimento libertador.

Sempre "remontando às causas", oferece a meridiana luz que aclara os enigmas do pensamento e preenche os espaços deixados pelas ciências, que "estudam os efeitos", tudo num processo natural de penetração nas realidades da vida.

Eis o porquê deste pequeno livro despretensioso.

Temas da vida e da morte

É ele modesta contribuição para o estudo de várias questões palpitantes do cotidiano.

Tivemos o cuidado de selecionar alguns temas, analisando-os e neles entretecendo considerações espíritas, que possam despertar conotações positivas e oferecer uma visão talvez não lograda por quem não esteja familiarizado com as extraordinárias informações contidas na excelente Codificação Kardequiana[1].

Sempre atual, a Doutrina Espírita "jamais será ultrapassada", porquanto, sendo um filão aurífero inesgotável, cada vez oferece mais amplos recursos de libertação e felicidade.

"Se o Espiritismo – elucida Allan Kardec –, conforme foi anunciado, tem que determinar a transformação da Humanidade, claro é que esse efeito ele só poderá produzir melhorando as massas, o que se verificará geralmente, pouco a pouco, em consequência do aperfeiçoamento dos indivíduos. Que importa crer na existência dos Espíritos, se essa crença não faz que aquele que a tem se torne melhor, mais benigno e indulgente para com os seus semelhantes, mais humilde e paciente na adversidade? De que serve ao avarento ser espírita, se continua avarento; ao orgulhoso, se se conserva cheio de si; ao invejoso, se permanece dominado pela inveja? Assim, poderiam todos os homens acreditar nas manifestações dos Espíritos e a

---

[1] Nota do autor espiritual: algumas das páginas que compõem o presente livro foram, oportunamente, publicadas em alguns Órgãos espíritas. Ao reuni-las para a confecção deste trabalho, sofreram alguma alteração na forma, sem qualquer prejuízo para o conteúdo e melhor harmonia de conjunto.

Humanidade continuar estacionária. Tais, porém, não são os desígnios de Deus.

"[...] A bandeira que desfraldamos bem alto é a do Espiritismo cristão e humanitário, em torno da qual já temos a ventura de ver, em todas as partes do Globo, congregados tantos homens, por compreenderem que aí é que está a âncora de salvação, a salvaguarda da ordem pública, o sinal de uma era nova para a Humanidade." [2]

Esperando que as nossas considerações espíritas facultem lições ou sugestões felizes, rogamos ao Mestre por excelência que nos abençoe, guarde e inspire sempre no desiderato da nossa evolução.

Manoel P. de Miranda
Salvador (BA), 26 de março de 1986.

---

[2] Nota do autor espiritual: *O livro dos médiuns*, de Allan Kardec, q. 350, 52. ed. da FEB.

Reencarnação – dádiva de Deus

Como é compreensível, a planificação para reencarnações é quase infinita, obedecendo a critérios que decorrem das conquistas morais ou dos prejuízos ocasionais de cada candidato.

Na generalidade, existem estabelecidos automatismos que funcionam sem maiores preocupações por parte dos técnicos em renascimento, e pelos quais a grande maioria de Espíritos retorna à carne, assinalados pelas próprias injunções evolutivas.

Ao lado desse extraordinário automatismo das leis da reencarnação, há programas e labores especializados para atender finalidades específicas, na execução de tarefas relevantes e realizações enobrecedoras, que exigem largo esforço dos Mentores encarregados de promover e ajudar os seus pupilos, no rumo do progresso e da redenção.

Sem nos desejarmos deter em pormenores dos casos especiais, referentes aos missionários do amor e aos abnegados cultores da Ciência e da Arte, os candidatos em nível médio de evolução, antes de serem encaminhados às experiências terrenas, requerem a oportunidade, empenhando os melhores propósitos e apresentando os recursos que esperam utilizar, a fim de granjearem a bênção do recomeço, na bendita escola humana...

Examinados por hábeis e dedicados programadores, que recorrem a técnicas mui especiais de avaliação das possibilidades apresentadas, são submetidos a demorados treinamentos, de acordo com o serviço a empreender, com vistas ao bem-estar da Humanidade, após o que são selecionados os melhores, diminuindo, com esse expediente, a margem de insucesso. Os que não são aceitos, voltam a cursos de especialização para outras atividades, especialmente de equilíbrio com que se armam de forças para vencer as más inclinações defluentes das existências anteriores que se malograram, bem como para a aquisição de valiosas habilidades que lhes reportarão, futuramente, no corpo, como tendências e aptidões.

Concomitantemente, de acordo com a *ficha* pessoal que identifica o candidato, é feita a pesquisa sobre aqueles que lhe podem oferecer guarida, dentro dos mapas cármicos, providenciando-se necessários encontros ou reencontros na *esfera dos sonhos,* se os futuros genitores já estão no veículo físico, ou diretamente, quando se trata de um plano elaborado com grande antecedência, no qual os membros do futuro clã convivem, primeiro, na Erraticidade, donde partem já com a família adrede[3] estabelecida...

---

[3] N.E.: Expressamente, acintosamente, propositalmente.

Executada a etapa de avaliação das possibilidades e a aproximação com a necessária anuência dos futuros pais, são meticulosamente estudados os mapas genéticos de modo a facultarem, no corpo, a ocorrência das manifestações físicas como psíquicas, de saúde e doença, normalidade ou idiotia, lucidez e inteligência, memória e harmonia emocional, duração do cometimento corporal e predisposições para prolongamento ou antecipação da viagem de retorno, ensejando, assim, probabilidades dentro do comportamento de cada aluno a aprendizagem terrena...

Fenômenos do determinismo são estabelecidos com margem a alternâncias decorrentes do uso do livre-arbítrio, de modo a permitir uma ampla faixa de movimentação com certa independência emocional em torno do destino, embora sob controles que funcionam automaticamente, em consonância com as leis do equilíbrio geral.

São travados debates entre o futuro reencarnante e os seus fiadores espirituais, com a exposição das dificuldades a enfrentar e dos problemas a vencer, nascendo e se desdobrando a euforia e a esperança em relação ao futuro.

Em clima de prece, entre promessas de luta e coragem, sob o apoio de abnegados Instrutores, o Espírito mergulha no oceano compacto da psicosfera terrena e se vincula a célula fecundada, dando início a novo compromisso.

Os que o amam, na Espiritualidade, ficam expectantes e interessados pelos acontecimentos, preocupados pelos sucessos que se darão, e buscando interceder nas horas graves, auxiliando nos momentos mais difíceis, encorajando sempre...

A reencarnação, porém, que leva a parcial esquecimento das responsabilidades, em razão da imantação celular que se faz, é sempre cometimento[4] de grande porte e alta gravidade.

Conseguido o êxito do renascimento, continua o intercâmbio, durante a primeira infância, com os Amigos da retaguarda espiritual e, à medida que o corpo *absorve* o Espírito ou este se assenhoreia daquele, vão-se apagando as lembranças mais próximas enquanto ressumam as fixações mais fortemente vivas no ser, dando nascimento às tendências e paixões que a educação e a disciplina moral devem corrigir a benefício do educando.

Nunca cessam, em momento algum, os socorros inspirativos que procedem da esfera espiritual, em contínuas tentativas pelo aproveitamento integral do valioso investimento a que o Espírito se propôs.

O retorno é feito, quase sempre, com altos índices de fracasso, com agravamento de responsabilidades; de insucesso, em decorrência da invigilância e da indolência, dando margem a amargura e a perturbação; de perda do tentame, graças à fatuidade e aos graves comprometimentos do pretérito, de que não se conseguiram libertar...

Pode-se compreender a preocupação afetuosa dos Benfeitores espirituais que acompanham os seus pupilos, à

---

[4] N.E.: Ação de cometer, tentativa, acontecimento.

medida que estes se afastam da sua influência benéfica e se transferem espontaneamente de área vibratória, entregando-se aos envolvimentos perniciosos e destrutivos.

Instam esses nobres cooperadores do bem, para que os seus protegidos retornem ao roteiro traçado, usando de mil recursos sutis, ou de interferências mais vigorosas, tais como as enfermidades inesperadas, os acidentes imprevistos, as dificuldades econômicas, a carência afetiva, de modo a despertarem do anestésico da ilusão os que se enovelaram nos fins da leviandade ou se intoxicaram pelo bafio do orgulho, do egoísmo, da cólera...

Outras vezes, recorrem a outros amigos e benfeitores, a favores da vida e a ajudas que lhes facilitem a marcha, perseverando até quando, rechaçados, ficam a distância, aguardando...

A reencarnação é o maior investimento da vida ao Espírito em processo evolutivo, o qual, sem ela, padeceria a hipertrofia de valores intelecto-morais, pela falta do ensejo da convivência com aqueles que se lhe vinculam pelo amor santificado, pelo amor asselvajado das paixões dissolventes, ou pelo amor enlouquecido no ódio, na violência, na perseguição...

A conjuntura carnal constitui valiosa aprendizagem para a fixação dos recursos mais elevados do bem e do progresso na escalada inevitável da evolução.

Sem dúvida, o parcial olvido dos compromissos assumidos responde por alguns fatores do insucesso, mas, ao mesmo tempo, isto constitui a mais expressiva concessão do amor do Pai, evitando que se compliquem os fenômenos da animosidade e do ressentimento, das mágoas e das preferências exclusivistas, que tenderiam a reunir os afins nos gostos e afetos, produzindo um clima de desprezo e agressão contra aqueles que se lhes opusessem.

Como jamais retrograda o Espírito, no seu processo evolutivo, os insucessos não atingem as conquistas, que permanecem, agravando, isto sim, o programa de responsabilidades de que se desobrigara, quando falharem as provações remissoras, mediante as expiações redentoras que serão utilizadas como terapêutica final.

Todas as conquistas da inteligência – e sempre são logradas novas etapas, nesse campo, em cada reencarnação – permanecem, embora as aquisições morais, mais lentas, porém, mais importantes, somente através de sacrifício e renúncia, de amor e devotamento conseguem ser alcançadas.

Com as luzes projetadas pelo Espiritismo, na atualidade, o empreendimento da reencarnação adquire hoje mais amplo entendimento pelos homens, que reconhecem a sua procedência espiritual, identificando-a e, por sua vez, preparando-se para o retorno à vida que estua e nela se encontra, inevitavelmente, seja no corpo ou fora dele.

Reminiscências
e conflitos psicológicos

O processo da reencarnação está a exigir estudos acurados por embriogenistas, biólogos e psicólogos, de modo a poderem penetrar nos seus meandros, que lhes permanecem ignorados, o que dá margem, nessas áreas de estudo, quando diante de determinados acontecimentos, há opiniões sem fundamentação, porque destituídas do conhecimento das causas, cujos efeitos contemplam.

Iniciando-se, no momento da fecundação, alonga-se o processo reencarnatório até a adolescência do ser, quando, pouco a pouco, atinge a plenitude.[5]

As impressões mais fortes das experiências passadas fixam-se no corpo em formação, através de deficiências

---

[5] N.E.: Consultado o Espírito Manoel P. de Miranda, este esclareceu, por intermédio de Divaldo Franco, que mesmo *terminado* aos 7 anos o processo reencarnatório, este se vai fixando, lentamente, até o momento da transformação da glândula pineal, na sua condição de veladora do sexo.

físicas ou psíquicas, saúde e inteligência, de acordo com tipo de comportamento que caracteriza o estado evolutivo do Espírito.

Estabelecidos os programas cármicos referentes às necessidades de cada ser, outros fatores contribuem, durante a gestação e o parto, para ulteriores fenômenos psicológicos no reencarnante.

Graças à simpatia ou animosidade que o vinculam aos futuros genitores, estes reagem de forma positiva ou não, envolvendo o filho em ondas de ternura ou revolta que o mesmo assimila, transformando-se essas impressões em fobias ou desejos que exteriorizará na infância e poderá fixar, indelevelmente, na idade adulta.

Porque lúcido, acompanhando o mergulho na organização física, percebe-se desejado ou reprochado, registando os estados familiares, bem como os conflitos domésticos do meio onde irá viver.

Vezes ocorrem em que o pavor se torna tão grande, que o Espírito desiste da reencarnação ou, em desespero, interrompe inconscientemente o programa traçado, resultando em aborto natural a gestação em andamento.

Os meses de ligação física com a mãe são, também, de vinculação psíquica, em que o recomeçante em sofrimento pede apoio e amparo, ou, se ditoso, roga ternura para o fiel cumprimento do plano feliz que se encontra em execução.

Adicionando-se às *leis do mérito* os fenômenos emocionais dos futuros pais, esses resultarão em *heranças,* que fazem pressupor semelhanças com o clã, estudadas pelas modernas leis da genética.

— *Tal pai, qual filho* – afirma o refrão popular, demonstrando a força dos genes e cromossomos nos códigos da hereditariedade.

A verdade, porém, é diversa.

Se ocorrem semelhanças físicas e até psicológicas, estas adquiridas mediante convivência familiar, o mesmo não se dá nos campos moral e intelectual.

O Espírito é o herdeiro das próprias conquistas passadas, graças às quais se expressa no campo da atividade nova.

No entanto, os comportamentos familiares influem sobre a conduta do reencarnante, que se impregna – especialmente quando se trata de Espírito imperfeito – dos conflitos e das vibrações perniciosas que lhe irão influenciar profundamente o procedimento.

Reações de vária ordem se manifestarão na criança, como resultantes da insegurança que experimenta no berço novo, desdobrando-se em rebeldia e insatisfação, nervosismo e incapacidade intelectual, durante a infância e a adolescência, com agravantes para o futuro, caso o amor dos pais não interrompa a caudal das reminiscências infelizes.

O auxílio do psicólogo e a terapia cuidadosa ajudam no mecanismo de reajustamento da criança, todavia, aos pais cumpre a tarefa maior, assistindo e amparando o filhinho temeroso e desconfiado, necessitado de segurança e tranquilidade.

Não nos referimos aqui ao capítulo adicional das obsessões, que exercem forte interferência no quadro complexo da reencarnação, respondendo por graves injunções, no comportamento infantil.

Detemo-nos, apenas, nas reminiscências, ora do domínio do inconsciente atual, que irrigam a consciência com temores e conflitos, produzindo estados de desequilíbrio, que poderiam ser evitados.

Enurese noturna, irritabilidade, pavores de toda espécie, timidez, ansiedade encontram nas ocorrências da vida fetal, em relação à mãe e aos demais familiares, muitas das suas causas.

Não obstante, é possível minimizar-lhes as consequências, através de uma atitude firme e afetuosa dos pais, particularmente da mãe, utilizando-se do sono do filhinho para infundir-lhe coragem e anular-lhe as impressões negativas, envolvendo-o em amor e conversando com ele, com sincero carinho, transmitindo-lhe a confiança de que romperá a barreira invisível das dificuldades, enfim, alcançando-lhe o íntimo.

Desde que ainda não esteja concluída a reencarnação, o Espírito ouvirá e entenderá as sugestões positivas que lhe são apresentadas, o amor que lhe é oferecido, toda a gama de afeição que lhe é destinada.

Quantas vezes um conflito sexual não se originará, na criança, em face da decepção da mãezinha que esperava um varão e recebeu uma menina, ou vice-versa, e, vítima de imaturidade, declara o desagrado, explodindo em pranto injustificado, assim chocando o recém-chegado, que lhe recebe o rechaço, vindo a exteriorizá-lo, mais tarde, em forma de conflito!?

Sempre é tempo de reconsiderar-se a atitude, reconciliando-se com o ser menosprezado, graças ao grau de amor e a força do bem que se coloque no relacionamento afetivo lúcido, quando o mesmo estiver dormindo, portanto, em situação receptiva.

O inconsciente receberá as novas informações, que serão arquivadas, e ressumarão, posteriormente, de forma agradável e cordial, estruturando a personalidade infanto-juvenil e proporcionando-lhe mais amplas aquisições que logrará com o tempo, conduzido por aqueles a cujo lado recomeça a caminhada redentora.

Mesmo na adolescência, quando não se soube agir antes, deve-se tentar recuperar o filho, reconquistá-lo, conversando com ele, em estado de sono, perseverando-se em um relacionamento tranquilo e gentil, também durante a fase em que esteja desperto, agindo com amor em vez de reagindo com ira ou zombaria, quando o mesmo apresente seus conflitos, suas dificuldades...

Não será o ato de falar, pura e simplesmente, mas a empatia, o contributo da emoção afetuosa com os quais a palavra se carregue, para alcançar a finalidade a que se destina.

Por fim, e necessário que a carga de certeza do êxito se faça presente, conforme enunciou Jesus: "Tudo é possível àquele que crê", para que os resultados felizes coroem a empresa do amor.

Vida, sono e sonho

Já se disse, e com muita propriedade, que o sono é uma forma de morte. Assim, diariamente, o homem, ao deitar-se, realiza, mesmo que inconscientemente, um treino para esse fenômeno biológico terminal.

À semelhança da morte, em que o Espírito só se liberta com facilidade do corpo mediante conquistas anteriores de desapego e renúncia, reflexões e desinteresse pelas paixões mais vigorosas, no sono há uma ocorrência equivalente, pois que o ser espiritual possui maior ou menor movimentação conforme as suas fixações e conquistas.

O Espírito sempre está em ação até onde podemos concebê-la. A inatividade não se encontra presente nas Leis da vida. Mesmo nos momentos de repouso, o Espírito se movimenta atraído por aquilo que mais lhe diz respeito.

O sono é, portanto, uma necessidade para o refazimento orgânico, o restabelecimento de energias do corpo, o reequilíbrio das funções que o acionam.

Assim que o corpo adormece, e, às vezes, mesmo antes do sono total, afrouxam-se os liames que atam o Espírito à matéria, e ele se desprende, parcialmente, rumando para os lugares e pessoas aos quais se vincula.

Graças a essa movimentação, quando retorna ao domicílio carnal traz as impressões e lembranças que imprime no cérebro, constituindo-lhe o complexo capítulo dos sonhos.

Detendo-nos apenas nos fenômenos oníricos de ordem espiritual, estes preservam uma correlação entre o estado de evolução do ser e os acontecimentos de que participa.

Num valhacouto de vadios, os que ali se encontram comprazem-se nos mesmos gostos que os reúnem. O mesmo ocorre num recinto reservado à cultura ou às artes, à fé ou ao trabalho. Há leis de afinidades que respondem pelas aglutinações sócio-morais-intelectuais, reunindo os seres conforme os padrões e valores nos quais se demoram.

Parcialmente liberto pelo sono, o Espírito segue na direção dos ambientes que lhe são agradáveis durante a lucidez física ou onde gostaria de estar, caso lhe permitissem as possibilidades normais.

Em tal circunstância, pode viajar com os seres amados, que reencontra além da cortina carnal, participando dos seus estudos e realizações, aprendendo lições que lhe ficarão em gérmen, penetrando, inclusive, nos registros do passado como do futuro.

Disso decorre a aquisição de informes que desconhecia como pode prever fatos porvindouros, dando margem às retrocognições e precognições, do agrado dos modernos pesquisadores das ciências paranormais.

Ao mesmo tempo, defronta conhecidos nos mesmos redutos para onde vai ou se deixa conduzir, estabelecendo admiráveis fenômenos de comunicação entre vivos na esfera física.

Nem sempre, porém, as viagens em corpo espiritual, durante o sono, levam aos ambientes de felicidade e progresso, onde se cultiva o bem, o bom e o belo.

Mais facilmente, em razão do hábito dos pensamentos ultrajantes, fesceninos e brutais, os Espíritos que se comprazem com semelhante paisagem moral arrebatam o encarnado e levam-no aos redutos do crime e da perversão, onde se lhes ampliam as percepções negativas. Inspiram-se, ali, naquelas regiões de vandalismo e promiscuidade psíquica, e depois trazem para o comportamento diário as aberrações que buscam.

Crimes vergonhosos e programas vis são concertados nesses ambientes espirituais que pululam nas cercanias da Terra.

Urdem-se ali obsessões e vinditas em clima de perversidade sob o comando de mentes implacáveis, que ditam as normas de ação, para que se cumpram os planos nefastos.

Quando o Espírito ainda mantém resistências, que o resguardam da vulgaridade e da aberração, retorna desses antros de réprobos e padece pesadelos horripilantes. Todavia, se já chafurda nos mesmos ignóbeis comércios de insensatez e loucura, volve ao corpo aturdido, embora fixado no que lhe cumpre executar, como autômato que foi – vítima de hipnose profunda. Esta, porém, não lhe é imposta, pois que foi buscada espontaneamente.

O inverso também se dá amiúde, quando o homem aspira aos ideais de enobrecimento da Humanidade, tornando-se instrumento dos promotores da evolução no mundo.

As suas horas de sono são aproveitadas para engrandecimento dos ideais, amadurecimento das aspirações, enriquecimento dos planos do bem. E pelo fato de ter mais aguçadas as faculdades da alma, encontra ímpares satisfações nesses colóquios e visitas, graças aos quais se encoraja e felicita, podendo levar os labores adiante com alta dose de valor, que aos demais surpreende.

Conforme ocorre no fenômeno da morte, no qual a consciência passa por um torpor, perturbação que é variável, de acordo com as conquistas de cada um, a lucidez durante o sono, nas experiências oníricas, está a depender da densidade vibratória das emoções com que se pauta a vida, no cotidiano.

Desse modo, um programa bem organizado para antes de dormir constituirá emulação para o Espírito, no ato do desprendimento, transferir-se a regiões felizes e contatar Entidades nobres, conquistando os tesouros da paz, da aprendizagem, da ação relevante, enquanto o corpo repousa.

De bom alvitre, também, que o homem se disponha a cooperar com os Benfeitores da Humanidade nas suas obras fomentadoras do progresso, participando dos seus empenhos com tal ardor que, em retornando ao corpo, permaneça telementalizado por eles, dando curso ao empreendimento na esfera carnal. Diante de realizações enobrecedoras, na Terra, pode o Espírito prosseguir, ao desprender-se pelo sono, sob a tutela dos seus Guias Espirituais, corrigindo enganos e adquirindo mais amplos recursos e entendimento para promover esse trabalho que não deve ser interrompido.

Santa Teresa de Ávila, em desdobramento pelo sono, peregrinou por uma cidade espiritual de sofrimentos, trazendo dali as impressões fortes que foram tomadas como sendo de uma parte do inferno da teologia católica.

Jacob sonhou com o pai, Dante Alighieri, que lhe mostrou o lugar onde guardara os 13 cantos do "Céu", que se encontravam desaparecidos.

Voltaire concebeu, enquanto dormia e sonhava, todo um canto de "La Henriade".

Tartini compôs, dormindo e sonhando, a sua "Sinfonia ao Diabo".

Os sonhos narrados na Bíblia se enquadram perfeitamente nessas viagens ao plano espiritual, quando o ser se desprende e registra os fatos que narra posteriormente.

O capítulo do sono natural na vida do homem é de muita importância, e está a exigir mais acurado estudo e meditação, a fim de ser aproveitado integralmente em favor do êxito na vilegiatura carnal.

Como um terço da vida física é dedicado ao sono, imenso patrimônio logrará quem converta esse tempo ou parte dele no investimento do progresso, em favor da libertação que lhe credenciará, para uma existência plena, um futuro ditoso.

Se alguém diz como e o que sonha, é fácil explicar-lhe como vive nas suas horas diárias.

Dorme-se, portanto, como se vive, sendo-lhe os sonhos o retrato emocional da sua vida moral e espiritual.

Pensamento e emoções

As emoções constituem capítulo da vida humana, que prossegue merecendo acuradas reflexões, de modo a canalizá-las com a segurança e eficiência indispensáveis aos resultados salutares para os quais se encontram na organização fisiopsíquica de cada criatura.

Refletindo o estado espiritual em que transitam os homens, invariavelmente manifestam-se em desgoverno, levando a paroxismos e desajustes de demorada regularização.

Dirigindo o comportamento, fazem que se transite de uma para outra com sofreguidão, em ânsia contínua, que termina por exaurir aquele que se lhes submetem sem o controle necessário.

Estimulando o egoísmo, impõem a satisfação pessoal sob os altos custos da inquietação e da insegurança íntima, em face dos novos desejos de gozos insaciáveis, que terminam por constituir característica predominante da conduta individual.

Essa busca irrefreável do prazer, que se torna dependência viciosa, fomenta gozos que depois, invariavelmente, se convertem em dores.

Entre as mais desgastantes, assume preponderância a ansiedade, que parece imprescindível a vida, qual ocorre com o sal para o paladar de inúmeros alimentos.

Pessoas há que não passam sem os condicionamentos das emoções, vivificando a ansiedade que as consome em flamas de angústia.

Mal terminam de lograr a meta perseguida e já se encontram, sôfregas, em batalhas por novas conquistas, transferindo-se de uma realização para novo desejo, com verdadeira volúpia incontrolada.

As emoções alimentam-se naqueles que as agasalham e se lhes adaptam aos impositivos caprichosos.

Comparemo-las a uma vela cuja finalidade é iluminar. Para o mister, ela gasta combustível, como é fenômeno natural. Preservada para os fins, oferece luz por período largo; no entanto, deixada na direção do ar canalizado, apressa o próprio consumo, e, acesa nas duas extremidades, mais rapidamente se acaba.

Assim também as emoções, que têm finalidade superior, no campo da vida; quando não se submetem a disciplina, exigem carga dupla da energia na qual se sustentam, culminando por destruir a sua fonte geradora.

O pensamento, porém, é o agente que as pode conduzir com a proficiência desejada, orientando-as com equilíbrio, a fim de que o rendimento seja positivo, capitalizando valores que merecem armazenados no processo iluminativo para a execução das tarefas nobres.

Esse esforço propicia autoconfiança, harmonia íntima, gerando bem-estar pessoal, que extrapola a área da individualidade e se irradia beneficiando em derredor.

Ninguém pode bloquear as emoções ou viver sem elas.

Intentar ignorá-las ou pretender esmagá-las é empreendimento inócuo, senão negativo.

Toda emoção ou desejo recalcado reaparece com maior vigor, em momentos imprevistos.

Substituir os interesses negativos e viciosos, por outros de caráter mais gratificante quão duradouro, é o primeiro passo, nessa luta de renovação moral e educação emocional.

Porque o pensamento atua no fluido que a tudo envolve, pelo seu teor vibratório produz natural sintonia com as diversas faixas nas quais se movimentam os Espíritos, na esfera física ou na Erraticidade[6], estabelecendo vínculos que se estreitam em razão da intensidade mantida.

Essa energia fluídica, recebendo a vibração mental, assimila o seu conteúdo emocional e transforma-se, de acordo com as *moléculas* absorvidas, criando uma psicosfera sadia ou enfermiça em volta daquele que a emite e passa a aspirá-la, experimentando o seu efeito conforme a qualidade de que se constitui.

---

[6] N.E.: Do francês *erraticité* – estado dos Espíritos errantes, não encarnados, durante os intervalos de suas existências corporais.

Quando o episódio é de largo trato e o seu teor é pernicioso, culmina por afetar a organização física ou psíquica do agente desencadeador, dando acesso a processos viróticos, psicopatológicos, degenerativos em geral, obsessivos...

A tudo envolvendo, essa força é neutra em si mesma; todavia, maleável e receptiva, altera a sua constituição de acordo com os elementos mentais que a interpenetram.

Ao pensamento disciplinado, portanto, cabe a árdua tarefa de educar as emoções, gerando fatores de saúde, que contribuem para a harmonia interior, dando margem ao surgimento de fenômenos de paz e confiança.

A ansiedade, responsável pela instabilidade comportamental e pelo humor, cede lugar, quando a fé comanda a onda mental que se dirige a Deus e se afina com as vibrações-resposta do Pensamento divino.

Outro valioso auxiliar para a empresa é a meditação, que aprofunda os interesses e as aspirações nas realidades metafísicas, eliminando, pouco a pouco, as impressões mais fortes das sensações primitivas, que normalmente se sobrepõem às emoções, desarticulando-as.

Pensando, o Espírito estabelece o clima no qual se desenvolve e de cuja energia se nutre. Conforme fixe o pensamento, edifica ou destrói, passando de autor a vítima das próprias maquinações.

Pelas afinidades de ondas mentais e interesses emocionais, reúnem-se os seres, que elaboram o *habitat* no qual se demoram.

A direção correta e constante do pensamento esclarecido, que conhece as causas e finalidades da vida, realiza o controle das emoções, tornando os indivíduos nobres e equilibrados, que não se transtornam diante de provocações, nem se apaixonam ante as sensações, ou se descompensam enfrentando o sofrimento.

A amargura e a ansiedade não os sitiam, mesmo que, de passagem, deixem ligeiros sinais que a potente luz do amor real e da certeza da fatalidade feliz do bem faz que desapareçam.

Pensamento e perispírito

Portador de expressiva capacidade plasmadora, o perispírito regista todas as ações do Espírito através dos mecanismos sutis da mente que sobre ele age, estabelecendo os futuros parâmetros de comportamento, que serão fixados por automatismos vibratórios nas reencarnações porvindouras.

Corpo intermediário entre o ser pensante, eterno, e os equipamentos físicos, transitórios, por ele se processam as imposições da mente sobre a matéria e os efeitos dela em retorno a causa geratriz.

Captando o impulso do pensamento e computando a resposta da ação, a ele se incorporam os fenômenos da conduta atual do homem, assim programando os sucessos porvindouros, mediante os quais serão aprimoradas as conquistas, corrigidos os erros e reparados os danos destes últimos derivados.

Constituído por campos de forças mui especiais, ele irradia vibrações específicas portadoras de carga própria, que facultam a perfeita sintonia com energias semelhantes, estabelecendo áreas de afinidade e repulsão de acordo com as ondas emitidas.

Assim, quando por ocasião da reencarnação o Espírito é encaminhado por necessidade evolutiva aos futuros genitores, no momento da fecundação o gameta masculino vitorioso esteve impulsionado pela energia do perispírito do reencarnante, que naquele espermatozoide encontrou os fatores genéticos de que necessitava para a programática a que se deve submeter.

A partir desse momento, os códigos genéticos da hereditariedade, em consonância com o conteúdo vibratório dos registos periespirituais, vão organizando o corpo que o Espírito habitará.

Como é certo que, em casos especiais, há toda uma elaboração de um programa para o reencarnante, na generalidade, os automatismos vibratórios das *Leis de Causalidade* respondem pela ocorrência, que jamais tem lugar ao acaso.

Todo elemento irradia vibrações que lhe tipificam a espécie e respondem pela sua constituição.

Por sua vez, cada gameta exterioriza ondas que correspondem à sua *fatalidade biológica*, na programação genética de que se faz portador.

Desse modo, o períspirito do reencarnante sincroniza com a vibração do espermatozoide que possui a mesma carga vibratória, sobre ele incidindo e passando a plasmar no óvulo fecundado o corpo compatível com as necessidades evolutivas, como decorrência das catalogadas ações pretéritas. Equilíbrio da forma ou anomalia, habilidades e destreza, ou incapacidade, inteligência, memória e lucidez, ou imbecilidade, atraso mental, oligofrenia serão estabelecidos desde já pela incidência de conquistas espirituais sobre o embrião em desenvolvimento.

Sem descartarmos a hereditariedade nos processos da reencarnação, o seu totalitarismo, conforme pretendem diversos estudiosos da Embriogenia e outras áreas da ciência, não tem razão de ser.

Cada Espírito é legatário de si mesmo. Seus atos e sua vida anterior são os plasmadores da sua nova existência corporal, impondo os processos de reabilitação, quando em dívida, ou de felicidade, se em crédito, sob os critérios da divina Justiça.

Certamente, caracteres físicos, fisionômicos e até alguns comportamentais resultam das heranças genéticas e da convivência em família, jamais os de natureza psicológica que afetam o destino, ou de ordem fisiológica no mapa da evolução.

Saúde e enfermidade, beleza e feiura, altura e pequenez, agilidade e retardamento, como outras expressões da vida física, procedem do Espírito que vem recompor e aumentar os valores bem ou mal utilizados nas existências pretéritas.

Além desses, os comportamentos e as manifestações mentais, sexuais, emocionais decorrem dos atos perpetrados antes e que a reencarnação traz de volta para a indispensável canalização em favor do progresso de cada ser.

As alienações, os conflitos e traumas, as doenças congênitas, as deformidades físicas e degenerativas, assim como as condições morais, sociais e econômicas, são capítulos dos mecanismos espirituais, nunca heranças familiares, qual se a vida estivesse sob injunções do absurdo e da inconsequência.

A aparente hereditariedade compulsória, assim como a injunção moral atuante em determinado indivíduo, fazendo recordar algum ancestral, explica-se em razão de ser aquele mesmo Espírito, ora renascido no clã, para dar prosseguimento a realizações que ficaram incompletas ou refazer as que foram perniciosas. Motivo este que libera "o filho de pagar pelos pais" ou avós, o que constituiria, se verdadeiro, uma terrível e arbitrária imposição da Justiça que, mesmo na Terra, tem código penalógico mais equilibrado.

Os pensamentos largamente cultivados levam o indivíduo a ações inesperadas, como decorrência da adaptação mental que se permitiu. Desencadeada a ação, os efeitos serão incorporados ao *modus vivendi* posterior da criatura. E mesmo quando não se convertem em atitudes e realizações por falta de oportunidade, aquelas aspirações mentais, vividas em clima interior, apresentam-se como *formas e fantasmas* que terão de ser diluídos por meio de reagentes de diferente ordem, para que se restabeleça o equilíbrio do conjunto espiritual.

Conforme a constância mental da ideia, aparece uma correspondente *necessidade* da emoção.

Todos esses condicionamentos estabelecem o organograma físico, mental e moral da futura empresa reencarnacionista a que o Espírito se deve submeter, ante o fatalismo da evolução.

O conjunto – Espírito ou mente, perispírito ou psicossoma e corpo ou soma – é tão entranhadamente conjugado no processo da reencarnação que, em qualquer período da existência, são articulados ou desfeitos sucessivos equipamentos que procedem da ação de um sobre o outro. O Espírito aspira e o perispírito age sobre os implementos materiais, dando surgimento a respostas orgânicas ou a fatos que retornam à fonte original, como efeito da ação física que o mesmo corpo transfere para o ser eterno, concedendo-lhe crédito ou débito que se incorpora à economia da vida planetária.

O mundo mental, das aspirações e ideais, é o grande agente modelador do mundo físico, orgânico. Conforme as propostas daquele, têm lugar as manifestações neste.

Assim se compreende porque a Terra é mundo de "provas e expiações", considerando-se que os Espíritos que nela habitam estagiam na sua grande generalidade em faixas iniciais, inferiores, portanto, da evolução.

À medida que o ser evolve, melhores condições estatui para o próprio crescimento, dentro do mesmo critério da lei do progresso, que realiza com mais segurança os mecanismos de desenvolvimento, de acordo com as conquistas logradas. Quanto mais adiantado um povo, mais fáceis e variados são-lhe os recursos para o seu avanço.

O pensamento, desse modo, é um agente de grave significado no processo natural da vida, representando o grau de elevação ou inferioridade do Espírito, que, mediante o seu psicossoma ou órgão intermediário, plasma o que lhe é melhor e mais necessário para marchar no rumo da libertação.

Tendências, aptidões e reminiscências

As leis de Mendel, estudadas largamente, vieram contribuir de modo eficaz para o equacionamento de muitos enigmas nos diversos capítulos da hereditariedade.

No entanto, se complementam os conceitos do Transformismo e do Evolucionismo, não interpretam inúmeros quesitos da realidade da vida biológica.

É inegável que os caracteres adquiridos são transmissíveis e que os filhos, os descendentes em geral, herdam de pais e ancestrais as parecenças físicas, a morfologia, as posturas e outros sinais de identificação, o mesmo não ocorrendo nas áreas psíquica, psicológica e emocional.

Pais geniais e antepassados doutos não geram, necessariamente, filhos sábios, tanto quanto artistas e guerreiros não procriam símiles.

Certamente, a convivência e a educação, os hábitos e a disciplina modelam as personalidades dos descendentes, neles plasmando, às vezes pela violência emocional, características que parecem herdadas, sem que o ser traga nas paisagens íntimas essas habilidades ou determinações.

De igual forma, homens incultos e viciosos não reproduzem vidas caóticas semelhantes, exceto quando degenerescências físicas impõem limitações e distúrbios de variada ordem.

Mesmo nos casos que se podem arrolar como decorrência da hereditariedade psicológica e moral, devemos levar em conta os fatores anteriores ao renascimento físico do ser.

O Espírito é o engenheiro da maquinaria fisiopsíquica de que se vai utilizar na jornada humana.

É evidente que os processos da reencarnação se fazem mediante as leis de afinidade espiritual, por impositivos anteriores, o que resulta em identificações e choques nos clãs, onde se reencontram seres simpáticos, ou adversários que o berço volta a reunir.

Em face dessa conjuntura, muitas das heranças se fazem naturais, porque o *clima vibratório* impõe os condicionamentos e os programas indispensáveis na formação do corpo.

As aptidões e tendências só raramente correspondem às leis da hereditariedade, especialmente hoje, quando as opções para a conduta e a ação se fazem um leque imenso de possibilidades, ensejando a identificação do homem com as suas próprias realidades.

No passado, a falta de comunicação de massa, a ausência de contatos sociais imprimiam como tendências o que eram hábitos dos grupamentos familiares, que impunham nos nascituros e crianças um roteiro de realizações que se lhes incorporava impositivo, difícil de evitado.

Não obstante, as exceções demonstram, nos gênios como nos idiotas, a independência do reencarnante em relação às matrizes genéticas.

Eis por que as tendências, as aptidões humanas, sem descartar-se a contribuição dos genes e cromossomas, procedem das experiências do passado, em que o espírito armazenou valores que lhe pesam na economia evolutiva como poderosos plasmadores da personalidade, da inclinação para uma como para outra área do conhecimento, para a vivência da virtude ou do vício.

Dramas e tragédias, crimes e ações nefandos que passaram ignorados ou não justiçados pelos códigos humanos, convertem-se em processos psicopatológicos que se manifestam em forma de desequilíbrio no endividado, sem que haja fatores ancestrais que justifiquem o desconcerto.

Dentro do mesmo esquema, ao ser processado o mecanismo do renascimento, o candidato modela, imprime nas células em formação o de que necessita para recuperar-se, para ascender e resgatar...

Fenômeno equivalente ocorre no campo da cultura, da beleza, da arte, em que o Espírito, ao ser submetido aos implementos celulares, neles trabalha esses equipamentos sutis para responderem com fidelidade ao ministério para o qual retorna ao corpo, em realizações nobilitantes.

As tendências e aptidões atuais são reminiscências do pretérito de cada qual.

Tudo a que se aspira e se realiza sem a aprendizagem atual procede de experiências transatas, que se encontram ínsitas no ser e desabrocham, como inclinação, impulso, compulsão, mais poderosos do que o meio onde a criatura se encontra localizada.

Merecendo cultivadas as aptidões superiores, não podem ser deixadas sem conveniente tratamento as más tendências, que devem ser disciplinadas, corrigidas a qualquer esforço, a fim de que sejam superadas, oferecendo campo para os primeiros cometimentos no setor do bem, na condição de exercício dignificante em formulação para realizações elevadas e libertadoras no futuro.

Todo empreendimento exige esforço, diretriz e perseverança.

As tendências doentias, heranças pessoais dos gravames anteriores, devem ser canalizadas para as realizações positivas, como experiência inicial que se automatizará, dando margem às paixões elevadas, aquelas que promovem o indivíduo à sua condição de conquistador da razão a caminho da intuição, ao tempo em que se liberta do atavismo primário das imantações do reino animal...

Fadado à grande Conquista, recorda para elevar-se, superando o mal que nele remanesce, sob o apelo do amor que o alimenta e é de procedência divina.

Comportamento e vida

O fatalismo biológico, estabelecido mediante as conquistas pessoais de cada indivíduo, não é definitivo em relação à data da sua morte.

A longevidade como a brevidade da existência corporal, embora façam parte do programa adrede estabelecido para cada homem, alteram-se para menos ou para mais, de acordo com o seu comportamento e do contributo que oferece à aparelhagem orgânica para a sua preservação ou desgaste.

Necessitando de um período de tempo em cada existência física para realizar a aprendizagem evolutiva em cujo *curso* está *inscrito,* o Espírito tem meios para abreviar-lhe ou ampliar-lhe o ciclo, mediante os recursos de que dispõe e são facultados a todos.

É óbvio que o estroina desperdiça maior quota de energias, impondo sobrecargas desnecessárias aos equipamentos fisiológicos, do que o indivíduo prudente.

As ocorrências que lhes sucedam têm as suas causas no comportamento que se permitem.

Igualmente, a forma de desencarnar, sem fugir ao impositivo do destino que é de construção pessoal, resulta das experiências que são vividas. O homem imprevidente e precipitado, desrespeitador dos códigos de lei estabelecidos, torna-se fácil presa de infaustos acontecimentos, que ele mesmo se propicia como efeito da conduta arbitrária a que se entrega.

Acidentes, homicídios, intoxicações, desastres de vários tipos que arrebatam vidas, resultam da imprevidência, da irresponsabilidade, do orgulho dos que lhes são vítimas, na maioria das vezes e no maior número de acontecimentos.

Devendo aplicar a inteligência e a bondade como norma de conduta habitual, grande parte das criaturas prefere a arrogância, a discussão acesa, o desrespeito ao dever, a negligência, tornando-se, afinal, vítimas de si mesmas, suicidas indiretas.

Nos autocídios de ação prolongada ou imediata, a responsabilidade é total daqueles que tomam a decisão infeliz e a levam a cabo, inspirados ou não por Entidades perversas com as quais sintonizam.

Derrapando em comportamentos pessimistas a que se aferram, a atitudes agressivas nas quais se comprazem, na fixação de ideias tormentosas em que se demoram, em ambições desenfreadas e rebeldia sistemática, a etapa final, infelizmente, não pode ser outra. Com o gesto que supõem de libertação, tombam, por largos anos de dor, em mais cruel processo de recuperação e desespero, para que aprendam disciplina e submissão contra as quais antes se rebelaram.

Depreende-se, portanto, que o comportamento do homem a todo instante contribui de maneira rigorosa para a programação da sua vida.

São de duas classes as causas que influem na sua existência, dentro do determinismo da evolução humana: as próximas, desta reencarnação, na qual se movimenta, e as remotas, que procedem das ações pretéritas. Estas últimas estabeleceram já os impositivos de reparação a que o indivíduo não pode fugir, amenizando-os ou vencendo-os através de atuais ações do amor, que promovem quem as vitaliza e aquele a quem são dedicadas. As primeiras, no entanto, as da presente existência, vão gerando novos compromissos que, se negativos, podem ser atenuados de imediato por meio de atitudes opostas, e, se positivos, ampliados na sua aplicação.

O tabagismo, o alcoolismo, a toxicomania, a sexolatria, a glutoneria, entre outros fatores dissolventes e destrutivos, são de livre opção atual, não incursos no processo educativo de ninguém. Quem, a qualquer deles se vincula, padecer-lhe-á, inexoravelmente, o efeito prejudicial, não se podendo queixar ou aguardar solução de emergência.

O tabagismo responde por cânceres de várias procedências, na língua, na boca, na laringe, por inúmeras afecções e enfermidades respiratórias, destacando-se o terrível enfisema pulmonar. Todo aquele que se lhe submete dependência viciosa, está incurso, espontaneamente, nessa *fatalidade* destruidora, que não estava no seu programa e foi colocada por imprevidência ou presunção.

O alcoolismo é gerador de distúrbios orgânicos e psíquicos de inomináveis consequências, gerando *desgraças* que, de forma nenhuma deveriam suceder. É ele o desencadeador da loucura, da depressão ou da agressividade, na área psíquica, sendo o responsável por distúrbios gástricos, renais e, principalmente, pela irreversível cirrose hepática. Seja através da aguardente popular ou do *whisky* elegante, a alcoofilia dizima multidões que se lhe entregam espontaneamente.

A toxicomania desarticula as sutis engrenagens da mente e desagrega as moléculas do metabolismo orgânico, lesando vários órgãos e alucinando todos quantos se comprazem nas ilusões mórbidas que dizem viver, não obstante de breve duração. Iniciada a dependência que se fez espontânea, desdobram-se à frente longos anos, numa e noutra reencarnação, para que sejam reparados todos os danos que poderiam ter sido evitados quase sem esforço.

A sexolatria gera distonias emocionais, por conduzir o indivíduo ao reduto das sensações primitivas, retendo-os nas áreas do gozo insaciável, que o leva a exaustão, a terríveis frustrações na terceira idade, se a alcança, e a depressões sem conta pelo descalabro que desorganiza o corpo e perturba a mente. Além desses, são criados campos de dificuldade afetiva, de responsabilidade emocional com os parceiros utilizados, estabelecendo-se compromissos desditosos para o futuro.

A glutoneria, além de deformar a organização física, é agente de males que sobrecarregam o corpo produzindo contínuas disfunções gastrointestinais, dispepsias, acidez, ulcerações, alienando o homem que vive para comer, quando deveria, com equilíbrio, comer para viver.

São muitos os agentes dos infortúnios para o homem, que ele aceita no seu comportamento, afetando-lhe a vida. Entretanto, através de outras atitudes e conduta poderia preservá-la, prolongá-la, dar-lhe beleza, propiciando-lhe harmonia e felicidade.

Além de atingir aquele que elege esta ou aquela maneira de agir, os resultados alcançam os descendentes que, através das heranças transmissíveis, conforme as suas necessidades evolutivas, as experimentarão.

O comportamento do Espírito, no corpo ou fora dele, é responsável pela vida, contribuindo de maneira eficaz na sua programática, igualmente interferindo na conduta do grupo em que se movimenta e onde atua como dos descendentes que de alguma forma se lhe vinculam.

As ações corretas prolongam a existência do corpo e promovem o equilíbrio da mente, enquanto as atribuladas e agressivas produzem o inverso.

Nunca será demasiado repetir-se que, assim como o homem pensa e age, edificará a sua existência, vivendo-a de conformidade com o comportamento elegido.

Destino e responsabilidade

O primeiro e mais imediato efeito da fé que assenta sobre as bases da razão é a consciência da responsabilidade.

Não tendo o homem senão uma visão estreita da vida, limitada aos curtos horizontes da existência terrena, as suas aspirações tornam-se de breve período e pequena extensão, tendo em vista o término que se anuncia ante o advento da morte.

Pelo contrário, considerando o corpo como sendo uma veste de rápida duração e elaborado para a sua finalidade transitória, embora fundamental ao progresso da alma, dilatam-se as ambições e transferem-se para o futuro, através de um fenômeno natural, sem acomodação ao conformismo, às metas que não podem, de imediato, ser alcançadas.

Os estímulos para a luta fazem-se mais poderosos e as realizações constituem vitórias logradas no dia a dia da existência corporal. Por outro lado, os sofrimentos perdem a aparência primitiva e revelam-se como desafios que são colocados ao longo do caminho do progresso, com a finalidade de promover o indivíduo e facultar-lhe a aquisição de valores que, sem esses testes e imposições, permaneceriam adormecidos.

Semeador diligente e responsável, o homem ciente dos seus deveres não tem pressa, tampouco retarda a marcha, porquanto sabe que há época para preparar o solo, ensementá-lo, cuidar das débeis plântulas até que elas respondam corretamente através do fatalismo que lhes jaz inato. Não tem desse modo, a presunçosa preocupação de colher em solo não semeado, assim como não pretende resultados antes do tempo adequado. Cada ação se dá no seu momento próprio.

O que antes se lhe afigurava enigma ou injustiça, cede lugar a uma ordem natural, com o conhecimento da qual tudo se aclara e revela.

A criança frágil e macerada, enferma e mutilada no corpo ou na mente, não foi criada, como ser algum, no momento do seu nascimento, nem ali se encontra para punir os genitores ou ancestrais mais recuados, cuja conduta arbitrária ou equívoca ensejasse a rude expiação. Pelo contrário, carpe o próprio ser os seus desatinos que foram transferidos de uma para outra existência corporal, qual ocorre com o aluno rebelde e incapaz, que a benefício dele mesmo como da sociedade, no educandário, ao invés de ser promovido, o que seria uma injustiça, é conservado na mesma classe para revisar os assuntos não assimilados e aprender o que lhe permite a ascensão a outro nível.

Cumprido o áspero período de recuperação e reparação dos erros, aquele ser prisioneiro na dor se liberta e volve a sua individualidade, que reúne todas as suas conquistas, prosseguindo em novas etapas de progresso sem o sinete da aflição ou o limite expiatório.

No intervalo entre uma e outra reencarnação, reintegrado nos seus valores intelecto-morais, mantém correspondência mediúnica com os afetos que permanecem no corpo, animando-os e impulsionando-os ao progresso, mediante o qual volverão mais tarde a reunir-se, felizes, em grupos familiares ou fraternais.

Recuperando a lucidez após a morte do corpo físico, compreende a necessidade da provação anterior a que foi submetido, bem como as razões que ligaram os seus pais ao quadro de dor, podendo explicar-lhes tais sucessos e armá-los de valor para procedimentos futuros.

A ignorância, a falta de discernimento, as limitações são corporais, logo superadas após a libertação do caráter orgânico no qual esteve por breve ou largo período para a redenção educativa.

Pais e filhos crucificados nas traves invisíveis das enfermidades físicas, psíquicas ou morais são comparsas dos mesmos delitos, novamente reunidos para a renovação de propósitos, através do ressarcimento dos débitos que ficaram após a morte anterior e que não foram saldados.

As leis fomentadoras do Progresso reúnem os incursos nos mesmos códigos da Justiça e os trazem aos sítios onde delinquiram, de modo que, juntos outra vez, recomponham a paisagem moral danificada, soerguendo os que ficaram vitimados pela sua tirania ou insensibilidade.

Seria um absurdo, se fosse diferente o comportamento da divina Sabedoria, brindando a esses seres infelizes da Terra com os desajustes nos quais se estorcegam, não houvesse para eles uma causa anterior ou se lhes concedesse após a morte o paraíso para cuja conquista nada fizeram, tendo-se em vista a impossibilidade em que se encontram para realizá-lo. Deixá-los a própria sorte em qualquer lugar de dor eterna, após tanto sofrimento, constituiria, da mesma forma, aberração maior...

Não se depurasse o criminoso através da reencarnação, e permaneceriam nele as marcas ultrizes dos seus desvarios, resultado da sua imperfeição espiritual, que as experiências sucessivas no corpo logram aprimorar, libertando-o da inferioridade.

Assim, as inteligências que se compraziam na luxúria e na tirania retornam nas patologias da idiotia, assim como os suicidas que esfacelaram o crânio, esmigalhando o cérebro, volvem nas expressões da excepcionalidade, do mongolismo, da hidrocefalia, vinculados aqueles que, de alguma forma, se fizeram comparsas da delinquência a que se entregaram.

Os quadros complexos das enfermidades que dilaceram os homens restauram-lhes a dignidade perdida e despertam-nos para a valorização dos recursos da vida, que são malbaratados quase sempre com leviandade e prepotência, revolta e presunção, que o egoísmo comanda, soberano.

Às vezes, ficam surpresas muitas pessoas que são aquinhoadas com mensagens afetuosas dos filhos de tenra idade, já desencarnados, de doentes e limitados mentais, como de analfabetos, que ora se expressam com fluidez e correção, preocupados em identificar-se e auxiliar os familiares e amigos que permaneceram na Terra.

Guarde-se na mente que tais dificuldades e prejuízos pertencem ao corpo, impostos pelo Espírito necessitado de expiar e de reparar faltas, jamais do ser eterno que, após a recuperação moral, assume o controle dos seus triunfos e pode expressar-se sem os impositivos constritores do processo de reeducação a que esteve submetido.

Ciente dessa realidade lógica e normal, a responsabilidade assume o comando dos atos atuais do homem, que se engaja, consciente e espontaneamente, num programa de elevação, a que se entrega com otimismo por antecipar os resultados do seu empreendimento, em face das realizações que se permite.

Não se trata de uma utopia, senão do prosseguimento das atividades que a morte não interrompe, da mesma forma que os planos acalentados antes do berço, após este se desdobram em operações de grave significado para a vida e que vão tomando corpo, à medida que as oportunidades e os meios se apresentam.

Essa visão responsável da vida confere ao sofrimento o valor que tem: concitar o Espírito endividado ao resgate ou estimulá-lo a conquista de novos títulos de enobrecimento de que necessita para ser feliz.

Não entendendo a linguagem silenciosa, embora operante, do amor e da beleza, em toda parte presentes, o homem não se pode furtar a reflexão, ao exame, quando colhido pela dor ou recambiado ao leito pela provação, ou impedido de seguir conforme lhe apraz, através da expiação que surge no momento e que menos espera, como a cegueira repentina, a paralisia progressiva sem aparente causa lógica, a hemiplegia ou a paraplegia, a incapacidade para o matrimônio; a reviravolta econômica, que o leva a escassez de recursos, ou os dramas morais, os tormentos emocionais e psíquicos que estrugem de um para outro momento, alterando completamente a programação estabelecida ou o curso dos acontecimentos agradáveis no qual se encontrava.

Em tudo, porém, se apresenta a providencial sabedoria de Deus demonstrando a fugacidade da organização física ante a perenidade da vida em si mesma.

A fé, racionalmente adquirida, responsabilizando o homem, é farol que lhe ilumina o passo em qualquer circunstância, apontando-lhe o rumo seguro por onde segue.

Medo e responsabilidade

O medo é agente de males diversos, que dizimam vidas e deformam caracteres, alucinando uns, neurotizando outros, gerando insegurança e timidez ou levando a atos de violência irracional.

Originário no Espírito enfermo pode ser examinado como decorrência de três causas fundamentais: a) conflitos herdados da existência passada, quando os atos reprováveis e criminosos desencadearam sentimentos de culpa e arrependimento que não se consubstanciaram em ações reparadoras; b) sofrimentos vigorosos que foram vivenciados no além-túmulo, quando as vítimas que ressurgiram da morte açodaram as consciências culpadas, levando-as a martírios inomináveis, ou quando se arrojaram contra quem as infelicitou, em cobranças implacáveis; c) desequilíbrio da educação na infância atual, com o desrespeito dos genitores e familiares pela personalidade em formação, criando *fantasmas* e fomentando o temor, em virtude da indiferença pessoal no trato doméstico ou da agressividade adotada.

Em qualquer dos processos referidos, nos quais se origina o medo, este é uma reminiscência que toma corpo na mente e assoma, dominador, culminando por prevalecer ante qualquer decisão ou empenho de quem lhe experimenta a injunção.

Remanescente da encarnação passada, libera os clichês arquivados no inconsciente profundo, estabelecendo alienações auto-obsessivas, em mecanismo punitivo, de que o ser sente necessidade como forma de minorar os efeitos danosos dos atos irresponsáveis e arbitrários praticados.

Não obstante, tal mecanismo de redenção em nada libera o culpado, embora o leve a dores e angústias inomináveis, porque destituído do caráter recuperador dos prejudicados ou de reparação dos delitos perpetrados.

Se procedente das experiências sofridas fora do corpo, quando na Erraticidade inferior, as recordações pavorosas criam condicionamentos viciosos que atemorizam, fixando-as mais, e, ao mesmo tempo, produzindo instabilidade em relação a quaisquer programas de ação, que se apresentam como áreas perigosas, para a mente em desconcerto, impedindo o rompimento da cortina invisível que se lhe faz obstáculo.

Nascente, na vida atual, em face da família castradora e rude, é ainda o Espírito endividado constrangido a recomeçar a vilegiatura evolutiva, no meio social de que necessita, a fim de desenvolver os valores da submissão, da autodisciplina e da humildade, lamentavelmente transformados em medo.

O medo torna o homem irresponsável, fraco e pusilânime.

Provação de grave resultado é instrumento para edificação interior por parte da consciência comprometida.

O medo é tão cruel que, diante de enfermidades irreversíveis e problemas graves de alto porte, induz a sua vítima à morte pelo suicídio, numa forma extravagante de expressar o *medo de morrer* sob sofrimento demorado, desse modo gerando mais rudes aflições a se estenderem por tempo indeterminado.

Cultivado, torna-se fator asfixiante que responde por terríveis prejuízos morais, sociais, mentais e humanos.

É muito complexa a sua órbita de atuação.

Alguns heróis lograram sucessos nos seus empreendimentos, sofrendo-lhe o impulso, enquanto traidores e desertores não lhe puderam resistir à indução.

Na raiz de muitos males encontramo-lo presente.

Indispensável combatê-lo com urgência, assim seja notada a sua presença mórbida.

Iniciando por pequenos tentames de atividade relevante, a vítima do medo reconstrói-se interiormente, adquirindo confiança, que a encoraja a experiências mais expressivas, portanto, mais difíceis.

Passando, de imediato, a assumir responsabilidade diante dos deveres e atuando com persistência, adquire segurança íntima que a leva a resgatar os seus atentados contra a Consciência cósmica.

Se fracassa numa empresa, não se intimida, pois compreende que o insucesso é exercício para futuros êxitos e que ninguém é tão perfeito e hábil que não experimente um que outro problema equivalente.

O novo hábito de desincumbir-se das tarefas nobres cria condicionamentos positivos que se vão incorporando ao *modus operandi* até fazer-se automatismo na área das realizações.

O medo recua, na razão direta em que a disposição de atuar se faz mais forte, da mesma maneira que o inverso é verdadeiro.

Herança moral jacente no Espírito, a este compete o dever de considerar frontalmente a questão e empenhar-se por vencê-lo.

O instinto de conservação da vida induz, muitas vezes, o homem ao medo racional, compreensível, que assume o comportamento de cuidado, evitando a precipitação, a imprevidência.

Extrapolando, porém, tal condição normal e natural, é gerador de vários distúrbios e conflitos que se instalam e revelam na conduta.

Transfere-se de uma vida para outra esse adversário do progresso humano, permanecendo até quando a firme decisão de elevar-se e ser feliz propele o Espírito à luta sem quartel para superá-lo.

A "parábola dos talentos", narrada por Jesus, confirma a nossa assertiva, quando um dos detentores dos recursos, ao invés de aplicá-los, *por medo* enterrou-os, não logrando multiplicá-los, como sucedeu com os demais, recebendo, em consequência, o reproche do amo, que os tomou e os ofereceu a quem houvera feito aplicação com proveito e destemor.

A consciência da responsabilidade é o antídoto para medo, do que se infere que o desejo de agir, para recuperar-se, comanda a vontade e desarticula as engrenagens maléficas que o desequilíbrio fomentou.

O medo deve ser combatido com todos os valiosos recursos ao alcance, desde a oração à ação feliz.

Flagelos e males

Em face do impositivo da evolução, o homem enfrenta os flagelos que fazem parte da vida. Os naturais, surpreendem-no, sem que os possa evitar, não obstante a inteligência lhe haja facultado meios de preveni-los e até mesmo de remediar-lhes algumas das consequências.

Irrompem, de quando em quando, desafiando-lhe a capacidade intelectual, ao mesmo tempo estimulando-lhe os valores que deve aplicar para os conjurar e impedir.

Enquanto isto não ocorre, constituem-lhe corretivos morais, mecanismos de reparação dos males perpetrados, recursos da vida para impulsioná-lo ao progresso sem retentivas com a retaguarda.

Inúmeros desses flagelos destruidores já podem ser previstos e alguns têm diminuído os seus efeitos perniciosos, em razão das conquistas que a Humanidade vem alcançando.

Outros, que constituíam impedimentos aos avanços e à saúde, têm sido minorados e até vencidos, quais a fertilização de regiões desérticas, o saneamento de áreas contaminadas, a correção de acidentes geográficos, a prevenção contra as epidemias que dizimavam multidões, assolando países e continentes inteiros, e, graças ao Espiritismo, a terapia preventiva em relação aos processos obsessivos que dominavam grupos e coletividades...

Apesar disso, há os flagelos que o homem busca através dos vícios que se permite, sobrepondo as paixões torpes aos sentimentos de elevação, vindo a padecer males que poderiam ser evitados com um mínimo de esforço.

O egoísmo, que não cede lugar as aspirações altruístas, comanda a sua ambição desmedida, levando-o a excessos que o comprometem.

Agressivo por instinto, não abdica da violência que gera atritos domésticos e de classes, levando as nações às guerras, cada vez mais danosas e de efeitos imprevisíveis, aumentando a sanha de desforços, que se tornam causas de novos enfrentamentos, como se da vida somente lhe interessasse o poder para a destruição...

A inteligência, nesses momentos, fica obnubilada e os vapores do ódio intoxicam a razão, bloqueando os sentimentos. O homem, desgovernado, tomba, então, no flagelo por ele mesmo criado, quando, no entanto, está fadado à glória do bem e ao remanso da paz.

Tal ocorrência se dá por efeito da sua imantação animal, desse predomínio da matéria sobre o Espírito, do enleamento das paixões perturbadoras que cultiva, atrasando-lhe a marcha que deveria prosseguir sem interrupção ou retardamento.

Entretanto, está no desejo dele mesmo evitar os males nos quais se enreda, caso se dispusesse a seguir o Estatuto divino, cujas leis são de fácil acesso e de perfeita assimilação no seu dia a dia.

Rebelando-se contra a ordem, afasta o bem, e, quando este se encontra ausente, enxameia o mal. Assim age, por pretender privilégios e prerrogativas que lhe exaltam o orgulho, fazendo-o posicionar-se acima do seu próximo, a quem passa a explorar e ferir, distante de qualquer respeito e a dignidade pela vida e pelas demais criaturas. Na raiz desse comportamento extravagante e insensato encontra-se o atavismo ancestral, cujas imposições materiais têm primazia, dominando completamente a paisagem emocional.

O abuso das paixões, e não o uso correto que leva aos ideais do amor e ao arrebatamento pelas causas nobres, é o agente dos flagelos e males que se voltam contra o próprio homem e o infelicitam.

É, porém, através da dor – aguilhão que o propele para frente – que ele aprende a valorizar as oportunidades da sua existência corporal e desperta para o bem, a que se entrega, após a exaustão que o sofrimento lhe impõe.

Não sendo o mal uma realidade, sendo um efeito transitório, que pode ser alterado a partir do momento que se lhe modifique a causa, ele se transforma num futuro bem, porque *vacina* a vítima, que a partir daí melhor compreende a finalidade da vida na Terra, empenhando-se por alcançá-la no mais breve prazo.

Não importa em que classe social ou posição cultural estagie, porquanto a característica nele prevalecente é a de ordem moral, responsável pelo tipo de aspiração a que se entrega e da conduta que mantém.

Lord Byron, por exemplo, cuja poesia romântica influenciou toda uma época e criou um mito, poderia ter-se utilizado dos recursos de que dispunha para enobrecer-se e felicitar as vidas. Considerado belo e de corpo perfeito, culto e inteligente, assumiu comportamento excêntrico e individualista, sensual e vulgar, com uma genialidade asselvajada que ora pertencia as suas personagens e noutros momentos parecia refletir-lhe o próprio ser.

Carlos Steinmetz, por sua vez, com algumas deformidades físicas, mas belo nos ideais de solidariedade humana, refugiando-se na América para salvar-se das perseguições de ideologia político-social, contribuiu de maneira extraordinária para o progresso das ciências elétricas, chegando a patentear 200 invenções e escrever diversos trabalhos científicos e alguns livros que promoveram o progresso tecnológico da Humanidade.

Na direção que o homem encaminha os passos, surgem os comportamentos que lhe assinalam a marcha. Isto, porém, é decorrência do seu estágio evolutivo. Gerando hábitos, a eles se submete, porquanto ninguém há que viva sem esses condicionamentos. Quem não os tem bons, não fica deles isento, passando a tê-los maus.

Ideal será, então, iniciar-se nas experiências da vida por uma forma de neutralidade, isto é, não praticar o mal, o que não é suficiente, porquanto em certas ocasiões, não propiciar o bem se torna uma forma de desenvolver o mal. Primeiro passo, faculta outros mais audaciosos, até que a atração do bem passa a envolver o indivíduo, levando-o ao comprometimento com as ações superiores.

Desse modo, evitar o mal, que nele mesmo reside, e, mediante o livre-arbítrio, firmado no conhecimento e obediência às divinas leis, conquistar espaço para as ações meritórias, empenhando-se por vivenciá-las a partir de então – eis o caminho a trilhar.

Sentindo-se impelido ao mal, em razão dos remanescentes do primitivismo que nele jaz, deve e pode evitar praticá-lo, educando a vontade e canalizando as forças morais para o bem, que nele igualmente se encontra em gérmen, graças à sua origem divina. Procedente do mundo espiritual para ali retornará, fadado ao bem vitorioso que conseguirá ao fim das pelejas travadas.

Temor da morte

O temor da morte resulta de vários fatores inerentes à natureza humana e à sua existência corporal. Entre eles ressaltam: a) o instinto de conservação da vida, que lhe constitui força preventiva contra a intemperança, a precipitação e o suicídio, não obstante desconsiderados nos momentos de superlativo desgosto, revolta ou desespero; b) a predominância da natureza animal, que nos Espíritos inferiores comanda as suas aspirações, tendências e necessidades; c) o temporário olvido da vida espiritual donde procede; d) o conteúdo religioso das doutrinas ortodoxas, que oferece uma visão distorcida quão prejudicial do que sucede após a ruptura dos laços materiais, elaborando um mundo de compensações em graça como em castigo, conforme a imaginação dos homens vitimados por fanatismos e alucinações; e) o receio de aniquilamento da vida, por falta de informações corretas a respeito do futuro da alma e daquilo que, lhe está destinado...

Programado o corpo para servir de instrumento para o progresso do Espírito, através de cujo cometimento desenvolve todas as aptidões e valores que nele jazem latentes, o *instinto de conservação* é-lhe um elemento de alto valor, para que seja preservada a vida e impulsionada para frente até as últimas resistências. Em face dessa condição, o Espírito se imanta ao corpo e receia perdê-lo, em razão do atavismo ancestral que lhe bloqueia o discernimento a respeito daquilo cujos dados de avaliação não logram impressionar-lhe os sentidos.

O predomínio da *natureza animal* desenvolve-lhe o egoísmo e exacerba-lhe a paixão violenta, acentuando a sensualidade que se expande engendrando programas de novos gozos, que terminam por exaurir-lhe as energias mantenedoras dos equipamentos de sustentação orgânica. Assim é que um leve aceno de prolongamento da vida física ao moribundo fá-lo sorrir e aspirar pela sua ocorrência, em injustificável apego aos despojos que lhe não permitem mais largos logros, embora lhe concedam a permanência física.

A reencarnação promove o transitório *esquecimento do passado,* que é providencial para poupar ao Espírito a amargura que os seus erros impõem e os seus delitos afligem. Esse esquecimento constitui motivo de receio da morte, em razão da falta de elementos que estruturem a confiança na sobrevivência, com o retorno ao mundo espiritual. As sensações sobrepõem-se as emoções, fixando-lhe os interesses na vida física, apesar de saber da sua efêmera existência.

O estabelecimento de *prêmios e punições* de sabor material, nos quais as religiões do passado firmaram a estrutura da existência espiritual, tornou-a detestável, em se considerando o medo a uma justiça absurda e impiedosa, ou a indiferença por uma felicidade estanque, monótona e perpétua, que tem lugar num céu onde o amor não dispõe de recursos para socorrer o caído, nem a piedade vige em relação aos infelizes...

Por fim, o engodo dos sentidos anestesia a razão, levando-a a concluir que a morte deles representa a destruição da vida, arrolando o cérebro como autor do pensamento e os órgãos na condição de causa da existência do ser.

Assim, a desinformação e as concepções erradas sobre a vida futura são responsáveis pelo temor da morte, que leva muitos indivíduos a estados neuróticos lamentáveis, como a comportamentos alucinados, nos quais buscam o esquecimento, fugindo da sua contingência enganosa.

É inata, todavia, em todos os seres, a ideia da sobrevivência do Espírito à disjunção molecular do corpo cadaverizado. A intuição do futuro sempre esteve presente em todos os povos, desde os mais primitivos, estabelecendo, de alguma forma, um código ético de comportamento, que previne o homem e o prepara para o encontro com a consciência após o traspasse.

Nos indivíduos imediatistas, aferrados aos prazeres físicos, o medo da morte é maior, em face das sensações que o escravizam a matéria, fazendo-o recear a perda dos gozos em que se comprazem.

À medida, porém, que se aclaram os enigmas em torno da realidade *post mortem,* em que os fatos demonstram o seu prosseguimento, oferecendo uma visão correta sobre a sua continuação, o temor cede lugar a confiança e as dúvidas são substituídas pela certeza da perenidade do ser, que se sente estimulado a preparar, desde então, esse futuro, no qual a felicidade possui uma dinâmica que fomenta o progresso incessante, em decorrência do esforço empreendido por quem deseja alcançá-lo.

Essa convicção leva o homem a uma mudança de metas, que passa a conquistar, esforçando-se pelo trabalho no presente com os olhos postos no futuro.

A saudade dos afetos que o precederam na viagem de volta não mais dilacera, porquanto a certeza do reencontro faz que novos estímulos tomem corpo, executando um programa de promoção para credenciá-lo a convivência ditosa. Graças a esta emulação, todos os esforços são aplicados com direcionamento positivo, ensejando coragem para a luta e ânimo para vencer o cansaço ou quaisquer outras dificuldades que intentem obstaculizar-lhe a marcha.

O conhecimento dos objetivos mediatos da vida e a identificação dos valores jacentes no Espírito, mediante a concentração no ser real, fazem que a perda do envoltório físico não signifique quase nada em relação à sobrevivência doadora de todas as bênçãos a que se pode aspirar.

Enquanto perdura o fenômeno orgânico, as impressões da vida espiritual são fugazes, incompletas. Na razão, entre-

Temas da vida e da morte

tanto, em que diminuem os impositivos da matéria sobre a alma, ampliam-se-lhe as percepções do mundo causal, dando origem a um secreto desejo de despojar-se do fardo que pesa, às vezes, com altas cargas de miséria e de dor.

Aqueles que, na vida física apenas, depositam todas as aspirações e necessidades, temem perdê-la, aferrando-se com desespero às suas exigências em prejuízo da libertação, que se lhes torna penosa e demorada.

O exercício mental e o natural desapego das ilusões favorece a confiança na sobrevivência, anulando o injustificável medo à morte.

Para tanto, faz-se mister o amadurecimento íntimo que decorre da vivência equilibrada e do conhecimento que o estudo e a experiência propiciam, ou que resulta do sofrimento, o grande e oportuno fiador dos que se encontram encarcerados, anelando pela libertação.

O homem deve pensar na morte conforme pensa na vida.

Cada dia que passa no calendário terrestre, adicionando-lhe tempo a existência física, é-lhe um a menos que o aproxima do portal da morte.

Substituir o medo pela expectativa de como será a vida mais tarde, substituir a incerteza pela conscientização do prosseguimento espiritual, deve ser um programa bem elaborado para ser vivido com tranquilidade, no dia a dia que faz parte do seu peregrinar evolutivo.

A vida espiritual assim perde para ele o seu caráter hipotético para tornar-se uma realidade, na qual penetra desde antes da morte, através dos fenômenos mediúnicos que lhe propiciam essa convicção, especialmente com o intercâmbio dos sempre vivos, que o vêm emular na preparação da equipagem para o inevitável processo de retorno, que se dá através do mecanismo da morte biológica.

Ante moribundos

Quando o homem compreender, em toda a sua magnitude, o fenômeno da morte e o consequente despertar do Espírito, poderá contribuir de maneira eficiente para o desprendimento dos moribundos no seu leito de agonia.

O comportamento materialista, que o propele a uma existência de imediatismos, faz que, diante da morte dos seres queridos, se entregue ao desespero, ou à blasfêmia, ou ao inconformismo, atirando perigosos dardos de ira naquele que necessita de paz, no momento grave em que se lhe encerra o ciclo biológico, no qual realizou empreendimento de magna importância para o seu curso de evolução.

Os minutos ou horas que precedem a desencarnação se revestem de muita significação para o ser em preparativos para seguir a Espiritualidade.

O afrouxamento dos laços perispirituais e consequente desfazimento deles ocorrem entre sensações e emoções complexas que variam de criatura para criatura, conforme o grau evolutivo que cada qual haja logrado.

Desse modo, deve transcorrer em clima de paz ambiente o processo liberativo, para que, no instante em que cessem as pulsações orgânicas, nenhum choque vibratório atinja o recém-desencarnado.

Em face do desajuste comportamental do cotidiano, muitos familiares e amigos, sem o conveniente respeito pelo ser amado, criam uma psicosfera agressiva, na qual os petardos mentais alcançam o *convalescente* em *estado de sono,* perturbando-lhe o repouso que precede ao despertamento. Nas horas subsequentes, porque permanecem as conjunturas tumultuosas, o Espírito se aturde ante as cenas chocantes que depara, quase sempre tombando em desequilíbrios equivalentes e injustificáveis.

Logo se dá a ocorrência da desencarnação, o Espírito acompanha, em *calidoscópio mágico,* todos os fatos da existência que acabara de viver, podendo, em breve espaço de tempo, aquilatar a respeito da conduta que se permitiu, com a automática avaliação de todos os seus atos, e, só então, passa a lamentar os erros como a abençoar os sacrifícios e as dores, as realizações nobres e as lutas travadas em prol dos ideais dignificantes, bem como as renúncias ocultas, a abnegação e os silêncios que beneficiaram outrem, como efeito do amor e da caridade a que se afeiçoou.

Certamente, nem todos os desencarnados podem repassar a vida, há pouco concluída, considerando-se que grande número deles, estagiando na materialidade e subjugados pelos vícios, não se dão conta do que lhes aconteceu, e, mesmo quando são levados à reflexão *post mortem*, negam-se a aceitar a contingência, apegando-se às impressões e aos gozos nos quais se compraziam, embora se lhes apresentem, então, de forma afligente e angustiante.

Esta perturbação se alonga pelo tempo em que as ilusões cultivadas predominam, impedindo-lhes o despertamento da consciência longamente anestesiada pelos vapores tóxicos da carne.

O ambiente de harmonia, saturado de vibrações benéficas, contribui efetivamente para tornar ameno e compensador o momento da morte, mesmo para os que não se souberam utilizar, quanto deveriam dos tesouros da vida, facultando que sobre eles os afetos espirituais possam exercer ação benéfica e até impeditiva da loucura ou dos pesadelos cruéis que a muitos assaltam...

O momento da reencarnação é sempre aguardado com entusiasmo e festa no coração, o que constitui benção para o ser que chega e principia a nova caminhada na Terra. *Encarcerando-se* temporariamente no corpo para o cumprimento do programa de iluminação, quando chega a hora da libertação seria de esperar-se que todos os que compartilham da experiência proveitosa e o próprio triunfador se alegrassem, cantando hosanas de felicidade e agradecendo as dádivas recebidas que irão contribuir para a plenitude buscada. Em caso de insucesso da jornada, melhores razões para criar-se um clima psíquico e emocional de amor, que proporcione uma revisão tranquila dos atos e já outra programação para o porvir, em regime de confiança em Deus, na esperança de melhores oportunidades futuras.

Não podendo involuir o Espírito, mesmo quando não logra as vitórias, surgem áreas de experiências que o beneficiarão mais tarde, nele estabelecendo valores que serão aproveitados nas ocasiões devidas.

A morte, portanto, é momento de valiosa expectativa para o ser.

Desse modo, o velório e o sepultamento prosseguem merecendo o mesmo respeito e consideração que se devotava ao desencarnado. Mais do que um ato social, de aparência, na qual predominam os valores chãos das vaidades e ostentações, constituem um apelo ao sentimento fraternal e à solidariedade espiritual para ajudar aquele cujos despojos se acompanha para a inumação ou cremação cadavérica.

Quando se compreenda que morrer é fenômeno indolor, que faz parte da vida, jamais a destruindo, compreender-se-á que naquele momento não se interrompem os intercâmbios afetivos, as necessidades emocionais nem os anelos do coração... Pelo contrário, a entrada na vida que estua noutra dimensão exige recursos próprios para tornar ditoso o recém-chegado ou minoradas as penas que o aguardam.

Em toda parte vige o intercâmbio psíquico e emocional, mantendo estruturas ou desarticulando-as, estimulando as aspirações ou diluindo-as, pois que é das mais poderosas forças existentes, e que infelizmente ainda não é canalizada conforme seria de desejar-se.

Aja-se, portanto, ante os que se estão desprendendo, com dignidade e amor.

A inevitável saudade e a próxima ausência física, que tanto maceram, não se podem converter em instrumentos de agressão espiritual ao ser amado.

Antes de pensar em si, aquele que fica, se realmente ama, pense em quem segue e ajude-o, a fim de que mais rapidamente possa tê-lo de volta para o convívio espiritual, e, desse modo, se prepare, por sua vez, para a própria viagem que em breve ocorrerá, quando se reunirá a esse afeto, então sem mais angústia nem adeus...

Morte e desencarnação

Etimologicamente, morte significa "cessação completa da vida do homem, do animal, do vegetal".
Genericamente, porém, morte é transformação.
Morrer, do ponto de vista espiritual, nem sempre é desencarnar, isto é, liberar-se da matéria e das suas implicações.
A desencarnação é o fenômeno de libertação do corpo somático por parte do Espírito, que, por sua vez, se desimanta dos condicionamentos e atavismos materiais, facultando a si mesmo liberdade de ação e de consciência.
A morte é o fenômeno biológico, término natural da etapa física, que dá início a novo estado de transformação molecular.
A desencarnação real ocorre depois do processo da morte orgânica, diferindo em tempo e circunstância, de indivíduo para indivíduo.
A morte é ocorrência inevitável, em relação ao corpo, que, em face dos acontecimentos de vária ordem, tem in-

terrompidos os veículos de preservação e de sustentação do equilíbrio celular, normalmente em consequência da ruptura do fluxo vital que se origina no ser espiritual, anterior, portanto, à forma física.

A desencarnação pode ser rápida, logo após a morte, ou se alonga em estado de perturbação, conforme as disposições psíquicas e emocionais do ser espiritual.

Consoante a *lei da entropia,* que estabelece a necessidade da energia para a manutenção da vida, a morte é o efeito imediato da carência desse agente, seja pouco a pouco, pelo envelhecimento dos órgãos, que já não se renovam, ou mediante a violência, de qualquer modalidade, que lhe impede a sustentação das moléculas que se aglutinam sob a sua força de coesão.

Tendo-se em vista que o homem procede do mundo espiritual, a morte é o veículo que o reconduz a origem, onde cada qual ressurge com as características definidoras das suas conquistas.

Morrer é, portanto, muito fácil, isto é, interromper o ciclo orgânico, o que, entretanto, não significa deixar de viver, desde que, indestrutível, a vida ressurge sob outro aspecto, sem que haja cessação do seu curso, ou outra qualquer forma de aniquilamento.

Porque a vida se encontre submetida a leis invioláveis na sua estrutura íntima, o próprio ato de morrer, não poucas vezes, é precedido de exames e estudos por parte dos Espíritos encarregados de manutenção da vida, que são os

Mentores dos homens, dedicados a auxiliar no desenvolvimento intelecto-moral a que todos somos submetidos como encarnados ou desencarnados.

Na faixa em que se encontram os mais simples espiritualmente, cujas vidas se desenvolvem nas áreas das experiências mais instintivas, quais sejam a alimentação, a reprodução, o repouso e o prazer, a ocorrência da morte se dá através de automatismos previstos pelo processo natural da evolução, num ir e vir que facultará condições para que sejam atingidas etapas de maior relevância.

Nas fases em que ao instinto mais dominador sucedem as aspirações do discernimento, dos ideais e compromissos nobres, o livre-arbítrio, comandando muitos dos mecanismos morais, propicia os cuidados dos Instrutores desencarnados que se encarregam de estabelecer os períodos de aprendizagem no corpo, de acordo com os compromissos pretéritos no campo das conquistas e dos prejuízos adquiridos pelo ser em crescimento.

Nas expressões mais relevantes da responsabilidade moral e espiritual dos indivíduos vinculados a tarefas deveras significativas, da mesma forma que a reencarnação exige cuidados e planejamento especiais, a morte e a liberação imediata são conduzidas através de programas mais bem estudados.

De acordo com os valores individuais e o efeito que causam suas vidas em outras vidas, a morte pode ser antecipada ou postergada, considerando-se os benefícios que decorrem da interrupção da vilegiatura carnal.

Certamente, nas outras faixas do processo evolutivo, a morte pode ser precipitada tanto quanto retardada, graças ao desgaste ou prolongamento das forças vitais mantenedoras do corpo, como resultado do uso que se permitam as criaturas.

No suicídio direto, violento, a morte não liberta, produz, ao contrário, o prolongamento das aflições, aumentadas pelas dores morais e pelos fenômenos decorrentes da imantação do Espírito ao corpo, pelas fixações mentais geradoras de sensações novas e rudes, que enlouquecem, quase sempre, todo aquele que planejou fugir, sendo pela vida surpreendido mais adiante.

Em proporções menores, não, porém, menos dolorosas, dá-se a mesma agonia nos suicídios indiretos, no desgaste exagerado que decorre do abuso das funções do corpo, cuja finalidade específica é a de ensejar o progresso do Espírito que se deve aprimorar, qual aluno aplicado no educandário que frequenta.

A desencarnação dá-se, também, noutras circunstâncias, mesmo antes da ocorrência da morte física, quando o ser, voltado para a realidade maior, a causal, começa a transferir as aspirações e anelos para esta, vivendo e agindo no mundo sem que se deixe aprisionar aos seus grilhões.

Nesse sentido, o sofrimento resignado tem papel relevante, porque faculta a superação dos condicionamentos, transformando sensações grosseiras em emoções menos densas que as cargas das paixões primitivas.

Em outros casos, a desencarnação se inicia mesmo durante a vida física, através das atitudes idealistas, missionárias, em que a abnegação, a renúncia, o sacrifício e o amor em dimensões mais amplas sutilizam o *peso especifico* da organização material, transformando as correntes de energia que transitam do ser espiritual para o corpo e vice-versa, agindo nos implementos orgânicos de forma menos densa.

Biologicamente, começa-se a morrer desde quando se começa a viver, pois que as transformações celulares se dão incessantemente.

A morte deve merecer estudos e reflexões por parte de todos os homens, mergulhados que estão nas *correntes* da vida, temporariamente amortecidas a lucidez e as recordações pela *indumentária* carnal.

Assim considerando, em muitos casos, para morrer e logo desencarnar e libertar-se é necessário ter merecimento.

Permanecer num corpo mutilado e dorido, sob os camartelos das aflições morais e físicas, constitui necessidade inadiável, e essa conduta na dor facultará ou não a libertação, conforme seja vivida.

Como cada homem tem a vida de que precisa, na Terra, para crescer e ser feliz, cada qual tem a morte a que faz jus em razão dos atos praticados.

Nesta proposta – morrer e desencarnar, termos da mesma equação da vida – o homem de bem opta pela conduta de libertação, graças a qual, tão logo ocorra a interrupção da vida orgânica, ele se desprende dos despojos físicos e de suas implicações escravocratas, ensejando-se-lhe a libertação real, no retorno feliz ao lar que o aguarda após a experiência evolutiva ora concluída.

Morrendo para viver

À tradição espiritualista oriental se atribui o conceito de que os pensamentos finais do moribundo, acalentados por hábito natural, se encarregarão de plasmar o seu futuro corpo, no processo da reencarnação, nele fixando, por aspiração livre, os valores e recursos necessários para o progresso.

Certamente, as ideias negativas e deprimentes estabeleceriam comportamentos orgânicos e nervosos em padrões de sofrimento, assim como os anelos nobres dariam gênese a formas e funções harmônicas na vida subsequente, embora sujeitas as imposições cármicas decorrentes das ações praticadas.

Em face dessa crença, fazia-se necessário que o homem aprendesse a morrer, cogitando de reflexionar a respeito da fatalidade biológica em consonância com a harmonia íntima, responsável pelas futuras experiências carnais.

Aprender a morrer tornou-se, para a cultura oriental ancestral, uma necessidade ética, filosófica e religiosa, tendo-se em vista a fragilidade e a pequena duração da vida carnal. Aliás, segundo a mesma doutrina, aprendendo-se a morrer, está-se aprendendo a viver em níveis superiores de entendimento e ganhos morais, propiciando-se à criatura humana saúde espiritual, plenitude de vida e realização interior.

O apego à sensualidade e aos bens transitórios produz o pavor da morte, redundando em desarmonias internas que de forma alguma impediriam o processo desencarnatório, às vezes apressando-o, em face dos elementos destrutivos que a mente elabora e sustenta.

No sentido inverso, a aceitação jubilosa do inevitável faculta a ampliação de tempo nas experiências terrenas, porque o psiquismo compreende que morrer é prosseguir vivendo, apesar da diferença vibratória na qual se expressará a realidade.

Ninguém, desse modo, aprenderia a viver, se não fosse lograda a tarefa de aprender a morrer.

De fato, o processo da morte real inicia-se na plenitude das forças, quando a mente se apega e se apaixona por pessoas e coisas, enovelando-se em fixações que pretende permanentes, esquecendo-se da transitoriedade de todas elas enquanto na Terra.

Desse modo, o exercício da desimantação e do desprendimento gerará recursos que facilitam o entendimento a respeito da morte, propiciando, além-túmulo, a continuação dos ideais de sabor eterno.

Ajuizando-se a questão sob este ponto de vista, alteram-se as estruturas do comportamento intelecto-moral do homem no mundo.

Sem dúvida, apresentam-se-lhe importantes as conquistas do Espaço, a chegada a algum dos planetas do Sistema Solar e até mesmo o intercâmbio com outra galáxia... Todavia, assume relevância maior o autoconhecimento, a consciente solução dos problemas de comportamento íntimo, as viagens ao cosmo de si mesmo. Embora as vitórias sobre o transitório sejam valiosas, as que se conseguem na transcendência sobre os valores temporais, portanto, do mundo físico, são muito mais significativas, porque acompanham o indivíduo eterno em outros esforços de elevação, no sentido vertical do progresso.

A indagação máxima que deveria preocupar o homem seria a de descobrir quem ele é, e, por extensão, qual a finalidade da sua vida na Terra, como consequência do saber de onde veio, a fim de postular de forma equilibrada a identificação do lugar para onde vai.

Ao decifrar essas interrogações, ele inicia automaticamente um curso de *psiconáutica,* pela meditação e reforma moral, encontrando-se no ontem e compreendendo o hoje, e graças a esses contributos poderá produzir eficazmente para o amanhã.

As aspirações, os desejos fortes produzem o destino futuro do homem. Conforme desejar, sua vontade será posta em ação, do que resultará conquista ou perda no comércio moral e espiritual da vida.

Os apegos de qualquer procedência, durante a vida física, impõem que após a morte prossigam interessando com o mesmo vigor com que foram estruturados antes.

A instabilidade no dever, tanto quanto a fixação nos desejos primários criam aflições e conjunturas amargas, em razão do seu conteúdo pleno de insatisfação e revolta. Somente a visão correta dos valores terrenos proporciona a sua utilização equilibrada, para posteriores avaliações, aceitação ou recusa do seu prosseguimento.

O discernimento, por sua vez, clarifica a mente e liberta o sentimento daquilo que é prejudicial, inspirando as atividades perenes do amor sem posse, responsável pela liberdade.

Nos Provérbios, capítulo 23, versículo 7, encontra-se registada essa opção, nos seguintes termos: "O homem é aquilo que pensa no seu coração."

Naturalmente que, os últimos pensamentos não irão definir as futuras engrenagens de que o Espírito se utilizará na porvindoura reencarnação. Todavia, contribuirão de forma acentuada, não por serem os finais, senão porque refletem todos os hábitos vividos durante a existência, plasmadores dos envoltórios necessários, para a reeducação e aquisição de novos títulos de enobrecimento para o viajor eterno.

Os pensamentos são os modeladores do ser, porque são os promotores dos atos. Assim como o homem pensa, naturalmente se comporta. Exceção feita às aparências mascaradas pela compostura social, o indivíduo é, em realidade, aquilo que cultiva na mente.

A ação do pensamento na vida do homem que o utiliza é tão vital quanto a do Sol nas células, na vida...

O fatalismo biológico estabelecido mediante o nascer, viver e morrer ou transformar-se é inexorável.

Aprender a utilizar-lhe o ciclo, a fim de formular e conseguir metas iluminativas para o Espírito eterno, eis o que cumpre realizar, todos aqueles que se empenham na conquista da vida em si mesma, além das conjunturas celulares.

Em face dessa circunstância, a morte, não raro detestada, se torna uma bênção, em cuja presença a liberdade abre suas asas para o encarcerado, propondo-lhe voo auspicioso... Não houvesse tal limite estabelecido pela sabedoria das Leis, e o caos surgiria na Terra, apenas se apresentasse de maior duração a fase humana de vida, considerando-se uso inadequado que ainda se faz da existência corporal.

Todas as épocas, portanto, da trajetória terrestre, são de magnitude para que se considere a morte e se aprenda a morrer, vivendo-se com sabedoria cada momento, despedindo-se dos fatores infelizes e aspirando-se as conquistas ideais do Espírito.

De tal forma procedendo o homem, nos momentos finais, o seu pensamento trabalhará a futura morada e talhará a roupagem formosa para uma nova reencarnação, na qual poderá concluir o ciclo dos renascimentos corporais, assim tornando-se um pleno conquistador.

Processo desencarnatório

Para desvencilhar-se das amarras do organismo físico, o Espírito necessita de adestramento e habilidade que se desenvolvem desde quando deambula encarcerado no mecanismo da reencarnação.

Impressões longamente fixadas e sensações vividas com sofreguidão assinalam profundamente os tecidos sutis do perispírito, impondo *necessidades* e *dependências* que a morte não logra, de imediato, interromper.

Da mesma forma que o processo reencarnacionista se alonga desde a concepção até os primeiros momentos da adolescência [7], num complexo assenhoramento das células que se submetem aos moldes do *corpo de plasma biológico,* a liberação da clausura exige um período de adaptação à realidade de retorno, dependendo, de certo modo, dos condicionamentos impostos pelo uso das funções fi-

---

[7] N.E.: Ver a nota 5, à página 17

siopsicológicas que geram amarras fortes ou diluem-nas na sucessão do tempo, em face do teor vibratório de que se revestem as aspirações vividas ou acalentadas.

A ruptura dos vínculos de manutenção do Espírito ao corpo é somente um passo inicial na demorada proposta da desencarnação.

Normalmente encharcado de impressões de forte teor material, o Espírito se demora mimetizado pelas vibrações a que se ambientou, prosseguindo sob estados de variadas emoções que o aturdem.

Quando aclimatado às experiências psíquicas e mediúnicas, mais fácil se lhe faz o desenovelar-se dos grilhões que o prendem a retaguarda, readquirindo a lucidez, cuja claridade racional apressa o mecanismo de libertação.

Mesmo assim, necessita de conveniente adaptação, a fim de readquirir as funções que jaziam bloqueadas pelo corpo ou sem uso conveniente, em razão do comportamento carnal.

A mente responde, portanto, por vasta quota de responsabilidade no fenômeno da morte física.

Conforme a experiência corporal, assim se fará o desligamento espiritual.

Nesse transe, para o qual todos os homens se devem preparar, através de exercícios de renúncia e desapego, torna-se imprescindível o conhecimento da vida espiritual, que estua, atraente, dando curso a quaisquer empreendimentos que, por acaso, fiquem interrompidos...

Desimpregnar-se das sensações mortificantes, que anteriormente escravizaram, é o capítulo mais penoso da convalescença *post mortem*.

Acostumado a viciações e hábitos perniciosos, que se comprazia em vitalizar com as atitudes físicas e mentais, vê-se o desencarnado subitamente interditado de dar-lhes prosseguimento, o que então lhe constitui tormento inenarrável, levando-o a arrojar-se sobre os despojos em decomposição, ávido de gozo impossível, nele próprio produzindo estados umbralinos de perturbação psíquica em que passa a jazer por longo período, ou se atira, por afinidade de gostos, em intercursos obsessivos, em que as suas *vítimas* lhe emprestam o veículo para a nefária dependência...

A morte já não é um ponto de interrogação, como antes, graças às informações dos que lhe transpuseram a aduana e retornam para desvelar os aparentes enigmas que a vestiam com o misterioso e o sobrenatural.

O Espírito veste-se e despe-se do corpo obedecendo ao automatismo das leis do progresso, que propõem a evolução dos seres, sendo facultado aos que o desejem, pelo esforço e estudo, a aprendizagem e o uso das técnicas de renascer e desencarnar sem choques nem padecimentos perfeitamente evitáveis.

Compreendendo que o fenômeno da morte faz parte do compromisso da vida, o homem se arma de valores para o momento da própria como da libertação dos afetos, que voltará a encontrar na grande pátria de onde todos procedemos.

Com esse cuidado completa-se o quadro de auxílio aos desencarnados, por parte dos familiares e amigos que permanecerão por mais um pouco no corpo, evitando-se as emissões de ondas mentais de rebeldia e desespero, de mágoa e angústia, que são verdadeiros *ácidos* que ardem e requeimam naqueles desencarnados em cuja direção se arremessam tais vibrações de desconforto e insatisfação.

Morrer é desnudar-se diante da vida, é verdadeira bênção que traz o Espírito de volta ao convívio da família de onde partiu...

A experimentação mediúnica desenvolvida pelo Espiritismo é o mais seguro guia destinado a esclarecer o transe da morte e preparar os homens para a inevitável decorrência libertadora.

A libertação, todavia, depende de cada criatura que experimenta o *acidente* fisiológico que lhe interrompe o ciclo, propiciando a tranquilidade ou o demorado sofrimento que carpirá.

Partindo-se da experiência espírita que elucida o fenômeno da morte, ressuma a filosofia comportamental que se alicerça na moral cristã, lavrada no amor a Deus e ao próximo, a expressar a vivência da caridade sob todas as modalidades e em cuja prática o Espírito evolve, progredindo sem cessar no rumo da plenitude.

Perturbação no além-túmulo

Como efeito da conduta moral e das aspirações a que se vincula o Espírito, o seu estado de perturbação após a morte do corpo perdura por breve ou largo tempo, fenômeno natural quanto lógico.

Quase todos os desencarnados experimentam a turbação que sucede ao desprendimento da matéria. A intensidade e o prazo variam conforme as condições de cada um.

As pessoas que viveram para o prazer, usufruindo sensações e gozos desenfreados, recusam-se a compreender a ocorrência liberadora, já que prosseguem fixados aos sentidos e apetites a que se vincularam, sofrendo inenarráveis angústias por não serem atendidos nos hábitos antigos, mesmo que se esforcem até quase à exaustão.

Outros indivíduos, que eliminaram da mente qualquer possibilidade de sobrevivência ao cadáver, hibernam-se, experimentando inconcebíveis *pesadelos* que decorrem dos fenômenos biológicos em contínua transformação e que neles se impõem por tempo indeterminado.

Os onzenários e egoístas, os delinquentes de qualquer tipo, veem a tragédia do mau uso que os seus herdeiros ora fazem dos bens avaramente acumulados, assim como as consciências criminosas enfrentam suas vítimas, algumas das quais as perdoam, tornando-se insuportável a presença delas. Pior ainda é-lhes a sujeição que passam a sentir sob aqueloutras que os descobriram e, também inferiores, buscam desforçar-se com agressividade, não lhes dando tempo a que recuperem, sequer, a lucidez a respeito da própria situação.

Os que foram arrebatados por morte violenta, por imprevidência, precipitação ou desleixo, em atos suicidas, continuam imantados aos despojos putrescíveis por muito tempo.

São os suicidas aqueles que mais penosa perturbação experimentam, como consequência da rebeldia que os alucinou, alongando-se-lhes o drama do momento final, quase que infinitamente, pela impossibilidade mental e emocional de dimensionarem o tempo. O que esperavam encerrar num gesto brusco ou mediante um programa bem elaborado, se lhes amplia insuportavelmente.

A tranquilidade espiritual na ultratumba deve ser trabalhada adredemente, qual ocorre em qualquer realização, cujo clímax é o resultado de uma programação cuidadosa.

Encerrando a vida biológica apenas, a morte, na condição de hábil cirurgiã, interrompe somente os laços que prendem o Espírito ao corpo físico, dependendo daquele a liberação emocional deste último.

Quem jamais se preocupou com essa lei da fatalidade orgânica, sofre, com a surpresa que o assalta, as consequências do medo, das imagens fantasistas a que se acomodou e da realidade pujante da qual não se pode furtar.

O inverso igualmente se dá, facultando ao homem justo e diligente, honesto e caridoso, um suave e rápido despertar, recepcionado pelos amores que o anteciparam e o aguardam felizes...

De alguns minutos apenas ou de poucas horas é-lhe a duração do estado aflitivo, perturbador, ou passado em sono agradável, do qual desperta em festa de alegria pelos reencontros formosos.

As enfermidades de curso longo, os sofrimentos e provações bem suportados propiciam ao Espírito o lento desprender-se dos condicionamentos mundanos, favorecendo o pensamento com projeções da vida triunfante, que constata com facilidade e rapidez.

Todo e qualquer hábito longamente cultivado impregna o indivíduo, que se lhe submete, mesmo quando dele deseja libertar-se.

Desse modo, determinadas viciações, longamente mantidas, exigem tempo idêntico ao da fixação para que, além do corpo, se desimpregnem do Espírito. Não há porque estranhar o fato, recordando-se que, na área da reeducação, diante de hábitos extravagantes e perniciosos, o processo é o mesmo, sempre penoso quão demorado. No que tange ao ser eterno, este fica tão condicionado e intoxicado que o processo de liberação impõe-se lento, forma, aliás, salutar de se evitarem danos mais graves.

Muitos religiosos, informados equivocadamente sobre a vida espiritual, experimentam, após a morte, grande choque, por não encontrarem comitê de recepção constituído pela Divindade e por anjos, tombando, quando presunçosos, em terrível mágoa, decepção ou revolta que os transtorna por longo período, deixando-os em lamentável perturbação.

Aqueles, no entanto, que tomaram conhecimento do que sucede após a matéria e não viveram em conformidade com essa crença, caem em depressão prolongada, assim que constatam a sobrevivência espiritual.

Para ninguém ocorre exceção, em qualquer lugar onde se encontre.

Cada Espírito, seguindo o heliotropismo divino, apressa, estaciona ou retarda a marcha, não se retendo indefinidamente, pois que o amor é o mesmo e invariável para todos no processo evolutivo.

Em consequência, em toda e qualquer conjuntura luz a misericórdia de Deus através da presença de nobres Mentores e afeiçoados pessoais, que cooperam com o recém--desencarnado, não interferindo, porém, pela violência, na colheita que a cada qual diz respeito, em face da sua sementeira terrena.

O conhecimento da vida espiritual e as ações edificantes, trabalhando o metal do caráter humano, são o passaporte e a passagem que facultam a viagem feliz, com uma chegada ditosa, sem embaraço ou impedimento na travessia da aduana da morte.

O homem deve sempre reservar alguns momentos diários para meditar a respeito da viagem de volta e, conscientemente, reunir a valiosa bagagem que irá conduzir, única de que se poderá utilizar ao transpor a fronteira do mundo físico.

A perturbação espiritual após a morte é, portanto, o resultado do comportamento de cada criatura enquanto se encontra sob as imposições orgânicas.

Suicídio – solução insolvável

O suicídio é remanescente do primitivismo humano, que permanece arrebanhando as vítimas indefensas, que lhe tombam nas urdiduras intrincadas.

Decorrência da revolta espiritual do ser ante as circunstâncias, os acontecimentos e estados da alma que lhe parecem adversos, é a solução enganosa a que se deixam conduzir todos aqueles que preservam os seus conflitos e os fixam na área mental da insatisfação e do desespero sistemático.

A ignorância propositada ou a reação consciente aos Estatutos divinos, que pessoa alguma, na chamada civilização hodierna, pode ignorar, produzem a indiferença pelos valores sublimes da vida, liberando o homem da responsabilidade e do dever de lutar, obstando-lhe a perseverança nos objetivos relevantes a que se deve entregar.

Os "instintos agressivos", não disciplinados, explodem-lhe, em rebelião indômita, em face do menor desgosto real ou imaginário, diante de qualquer insucesso natural em todos os empreendimentos, fazendo que seja estabelecida uma neurose depressiva de culpa ou de transferência, acusando-se e autopunindo-se ou responsabilizando os outros, a sociedade, assim se arrojando no poço sem fundo da autodestruição, que apenas atinge o corpo.

Os comportamentos materialistas, em modernas escolas da psicologia, pretendem relacionar o suicídio com baixas cargas da serotonina no cérebro, *facilitando* a compreensão do episódio autocida graças a um neurotransmissor de natureza química. Sem dúvida, nessas dezenas de substâncias químicas que atuam como neurotransmissores no controle da atividade cerebral, respondendo pela área da emoção, defrontamos as *causas* de muitas ocorrências psíquicas, emocionais e físicas. Contudo, são, por sua vez, efeito de outros fatores mais profundos, aqueles que procedem do Espírito que comanda a câmara cerebral, exteriorizando-se na mente e na fisiologia desses microinstrumentos que constituem a sede física do pensamento e de outras igualmente importantes funções da vida humana.

É possível que os distúrbios serotônicos respondam pelo ato alucinado, muito embora não deixam de ser o resultado de agentes psicológicos mais sutis e graves, como a angústia, a insegurança, os conturbadores fenômenos psicossociais e econômicos, as enfermidades crucificadoras, o sentimento de desamparo e de perda, todos com sede na alma imatura e ingrata, fraca de recursos morais para sobrepô-los às contingências transitórias desses propelentes ao ato extremo.

Temas da vida e da morte

O espetáculo trágico, todavia, assume gravidade e constrangimento maiores, quando crianças, que ainda não dispõem do discernimento, optam pela aberrante decisão.

Amadurecidas precipitadamente, em razão dos lares desajustados e das famílias desorganizadas; atiradas à agressividade e aos jogos fortes que a atual sociedade lhes brinda, extirpando-lhes a infância não vivida, sobrecarregam-se de angústias e frustrações que as desgastam, retirando-lhes da paisagem mental a esperança e o amor.

Vazias, desprotegidas do afeto que alimenta os centros vitais de energia e beleza, veem-se sem rumo, fugindo, desditosas, pela porta mentirosa do suicídio.

Ademais, grande número delas, suicidas do passado, renasce com as impressões do gesto anterior, e porque desarmadas, na sua quase totalidade, de equilíbrio vendo, ouvindo e participando dos dramas em que se enleiam os adultos que as não respeitam, antes considerando-as pesados ônus que devem pagar, repetem o ato infeliz, tombando nas refregas de dor, que posteriormente as trarão de volta em expiações muito laceradoras.

Uma análise mais íntima do fenômeno autodestruidor leva também a sutis ou violentas obsessões que o amor enlouquecido e o ódio devastador fomentam, além da cortina carnal.

O suicídio é terrível mal que aumenta na Humanidade e que deve ser combatido por todos os homens.

Essa rigidez mental que resolve pela solução trágica é doença complexa.

Conscientizar as criaturas a respeito das consequências do ato, no além-túmulo, das dores que maceram os familiares e do ultraje às Leis divinas, é método salutar para diminuir a incidência dessa solução insolvável.

Dialogar com bondade e paciência com as pessoas que têm propensão para o suicídio; sugerir-lhes dar-se um pouco mais de tempo, enquanto o problema altera a sua configuração; evitar oferecer bases ilusórias para esperanças fugazes que o tempo desmancha; estimular a valorização pessoal; acender uma luz no túnel do seu desespero, entre outros recursos, constituem terapia preventiva, que se fortalecerá no exercício da oração, das leituras otimistas, espirituais, nos passes e no uso da água fluidificada.

Aquele que tenta o suicídio e não o vê consumado é candidato natural à recidiva, que culmina tão logo se lhe apresenta o móvel desencadeador do desejo...

O suicídio é o mais grosseiro vestígio da fragilidade humana, que ata o homem ao primarismo de que se deve libertar.

O homem é, na verdade, a mais alta realização do pensamento divino, na Terra, caminhando para a glória total, mediante as lutas e os sacrifícios do dia a dia.

Suicídio sem dor

A cegueira propiciada pelo materialismo, no momento da defecção da matéria, ora identificada como "energia condensada", tem levado alguns teóricos das filosofias pessimistas a proporem o suicídio como solução para os dissabores, insucessos e sofrimentos defrontados.

Fórmula de efeitos contrários apresenta-se simplista, como se fora constituída de elementos mágicos propiciadores para a equação final e definitiva de todos os acontecimentos da vida.

Sonho que se converte em pesadelo inominável, reaparece, na atualidade, sob emulações alucinadas, fascinando os desencorajados na luta e os fracos de resistências morais para os enfrentamentos inevitáveis.

Selecionam e propõem, esses investigadores da ilusão, quais as mais eficazes técnicas para o autocídio sem dor, induzindo as criaturas desnorteadas para o mergulho da consciência no *grande sono*, com o consequente aniquilamento do ser.

Tal comportamento, pelo insólito de que se reveste, demonstra a utopia em que foi transformada a vida e a ausência de finalidade a que foi reduzida.

Tomando o efeito pela causa, pensa-se em suprimir aquele sem alcançar esta, mais complicando a linha das consequências, por falta da cessação dos fatores que as desencadeiam.

Malabaristas do imediatismo, esses pensadores acreditam que a morte do corpo significa o fim da existência, desprezando, na sua rebeldia contumaz e ociosidade emocional contínua, todos os fatos probantes de que o ser real e primitivo é o Espírito, sendo o corpo a indumentária que o reveste temporariamente e de que se serve para um fim útil.

Se se detivessem a auscultar a Natureza, diminuindo o tresvario que se permitem, constatariam que o caos e o nada jamais fizeram parte do Cosmo, e que a ordem é a geratriz de todos os fenômenos, causa de todas as ocorrências.

Como efeito, nada ou pessoa alguma foge desse equilíbrio, sendo a fraude, e a burla, desconhecidas nos soberanos códigos da Criação.

Nada deve justificar o autocídio, porquanto a sucessão das ocorrências muda a cada instante o quadro em que se vive.

O que ora é desgraça, logo cede lugar à esperança; o que se apresenta como dissabor, de imediato se converte em bonança; o que se manifesta como desdita, a seguir se modifica para alegria; o que hoje é dor insuportável, amanhã é dor aceitável...

Temas da vida e da morte

Passam as horas e alteram-se as circunstâncias, gerando novos acontecimentos que mudam a paisagem emocional, física, social, econômica e moral do homem.

Lutar por vencer as vicissitudes é inevitável, desde que a própria injunção biológica é uma constante faina, em que nascimento, morte, transformação e ressurgimento se dão por automatismos na maquinaria fisiológica, ensinando à consciência a técnica do esforço para a preservação da vida.

O pretenso suicida, que consumou a trágica fuga da responsabilidade, jamais se libera como é natural, dos resultados nefários do seu gesto, sempre tresloucado, por ferir, na agressão furiosa, o mecanismo do instinto de conservação da vida, que governa a existência animal e o possui como fator para sua preservação.

Orgulhoso ou pusilânime, irresponsável ou vão, o suicida não se evade de si mesmo, da sua consciência; torna-se, aliás, o seu próprio algoz cujas penas o gesto lhe impõe e que resgatará em injunções mil vezes mais afligentes do que na forma em que ora se apresentam.

A burla que se permite, através de supostos meios indolores para sofrer a desencarnação, hiberna-o por algum tempo, em espírito, até o momento em que desperta mais vilipendiado e agônico, vivo, estuante de vitalidade, padecendo as camarteladas que a superlativa imprudência provocou.

É óbvio que ninguém ludibria a Consciência cósmica, que se expressa na harmonia do Universo e vige, pulsante, na consciência humana individual.

Necessário que o homem assuma as responsabilidades da vida e instrua-se nas leis que lhe regem a existência, aprimorando-se e reunindo valores de que possa dispor nos momentos-desafio, a fim de superá-los e reorganizar-se para os futuros cometimentos até o instante em que se lhe encerre o ciclo biológico. Estará, então, liberado da matéria, mas mantido na vida...

Nas aparentes mortes sem dor, provocadas pelos que desejam fugir ou esquecer, o sofrimento moral tem início quando se elabora o programa da evasão e jamais se pode prever quando terminará.

A consciência humana é indestrutível, portanto, o suicídio de qualquer espécie é arrematada loucura, um salto no desconhecido abismo da imprevisível desesperação.

Horas de angústia

Na psicogênese profunda das enfermidades mentais sempre depararemos com um Espírito assinalado por problemas e dívidas que o afligem, encarcerado na dor de que se não pode evadir.

Não somente, porém, na problemática dos distúrbios psíquicos, mas, igualmente, em toda e qualquer situação de sofrimento, particularmente quando no envoltório carnal, sob as graves injunções das limitações orgânicas.

Responsável por si mesmo, na escalada ascensional, apesar das soberanas leis de amor que o amparam e inspiram, é o Espírito quem modela a aparelhagem de que se utilizará, em cada reencarnação, como decorrência imediata e inevitável do comportamento que se permitiu na experiência anterior...

Somatizando conflitos e dramas, reflete na conduta as patologias mais condicentes com a sua realidade, da mesma forma que, vinculado a *reminiscências* mais vigorosas de ações infelizes do passado, libera, no psiquismo atual, angústias e rebeldias, transtornos variados e fixações que o alienam, estabelecendo a larga e variada gama dos distúrbios de comportamento e os desequilíbrios de que, hoje mais do que ontem, padece a sociedade.

Neuroses, psiconeuroses, esquizofrenias catalogadas, multiplicam-se extensamente entre as criaturas, como sinal de alarme, caracterizando os dias que vivemos, de angústias e descontentamento, de aflições superlativas e de loucuras que levam o homem à violência contra si mesmo, contra o patrimônio, contra o próximo, a sociedade, resultando em guerras particulares e domésticas, de grupos e classes, de partidos e religiões, de estados e continentes...

Abstraindo-nos do exame dos fatores psicossociais do momento, bem assim das constrições gerais e de outras causas endógenas, detemo-nos na análise do homem espiritual, comprometido em si mesmo pelo despautério e pela leviandade com que se vem conduzindo em relação à vida, às leis que regem o Universo, sintetizadas na "lei de amor", que é a manifestação de Deus na sua expressão mais pura.

Delinquindo, o Espírito encarcera-se no erro, que procura dissimular, mas de que se não evade, senão quando recuperado pelo refazimento da ação condigna, anulando o mal antes perpetrado.

A consciência, que sedia no ser eterno – o Espírito – e que se exterioriza pela cerebração, enquanto se está reencarnado, pode adormecer sob o anestésico da indiferença ou da brutalidade, ou subtrair-se à reparação, submergindo no oceano dos traumas e dos estados primitivos. No entanto, sempre desperta, ergastulada ao delito que assoma, avolumando-se com cargas deletérias na condição de culpa-remorso, amargura-arrependimento que se farão presente no futuro corpo carnal, cujo agrupamento cerebral se desequilibra, dando origem aos distúrbios aludidos, às fobias, às psicoses, à *deteriorização* da personalidade...

Quando aqueles deslizes e crimes envolveram outras criaturas que não tiveram o valor de perdoar e esquecer, sem atinarem que sofrimento é prova redentora, e se resolvem pela cobrança inditosa, reencontram, no tempo, sob outra forma que seja, o infrator que se lhe fez inimigo, passando a investir, furibundos e inditosos, em desforços que se alongam, gerando quadros de obsessões dilaceradoras que são adicionados à problemática pessoal do delinquente em desequilíbrio.

Não descartamos, portanto, nos portadores de alienações mentais a obsessão, apesar de reconhecermos os fatores atuais catalogados e estudados pelas "ciências da mente", neles mesmos encontrando o braço oculto da Justiça que alcança os infratores, embora estes busquem justificar-se, por não se recordarem das ações nefastas antes perpetradas.

No íntimo, cada portador de distonia psíquica, quando ainda não perdeu a lucidez do raciocínio, sente a presença da culpa atormentadora, que os psicanalistas intentam encontrar, no exame que fazem a partir do momento da fecundação, em suas respeitáveis pesquisas, culpa, entretanto, que precede à própria fecundação, por se encontrar ínsita no Espírito, esse viajor do tempo incomensurável.

Com as luzes que a Doutrina Espírita projeta nas atormentadas cultura e ética modernas, abrem-se perspectivas para terapias mais consentâneas com essa problemática, prenunciando a paz que advirá após as sombrias e graves horas de tormenta que desaba sobre o homem e o organismo combalido da Sociedade.

Saúde mental

No estudo da complexidade do homem, a saúde mental possui caráter de alta magnitude, constituindo um capítulo relevante.

Concomitantemente, o esforço dos lidadores das ciências psíquicas tem sido de grande significação para eliminar ou minimizar os males que decorrem das variadas formas de alienações mentais, que aumentam assustadoramente nos espaços emocionais da sociedade hodierna.

Desde os antigos conceitos dos *humores,* de Galeno, até as incursões mais profundas no inconsciente da personalidade, superando-se as crendices de que "o cérebro não pode enfermar", as conquistas são expressivas, sem que hajam apresentado resultados mais tranquilizadores para as criaturas.

As estatísticas demonstram que aumenta o número de enfermos mentais *consumidos* pelos impositivos desagregadores da sociedade.

Estabelecidas as causas preponderantes, coercitivas, e as predisponentes, que levam às psicopatologias, os fatores endógenos e exógenos, ao lado dos traumatismos cranianos e das sequelas provenientes de enfermidades virósicas, as pressões psicológicas, com as suas altas cargas de tensões, respondem pelos elevados índices das neuroses, das psicoses, das mudanças de comportamento...

Constrições psicossociais, em desabalado crescimento, estão ceifando o equilíbrio do homem e conduzindo-o a distúrbios que se agravam.

A falta de orientação psicoterápica preventiva entre os indivíduos desagua nas aflições injustificáveis, que desencadeiam processos de desagregação da personalidade, conduzindo à loucura nas suas variadas formas...

Desestruturado, o indivíduo que não se enriqueceu de valores emocionais para enfrentar os sucessos ou os dissabores da vida tomba nas urdiduras da ansiedade, gerando perturbações psicológicas que se agravam a cada dia, muitas vezes por influência do próprio meio ambiente, familiar, igualmente desconcertante, que acelera o distúrbio inicial até a instalação da enfermidade de curso demorado, quando ou se apresenta com recidivas constantes ou se transforma em quadro irreversível.

A linha demarcadora entre saúde e doença, no seu curso sinuoso, encontra, na área das enfermidades mentais, menos campo de limitação, pelo fato de o indivíduo transitar de um para o outro estado com frequência e facilidade.

Sendo muito complexa a definição de normalidade mental, os dados que lhe estabelecem as expressões não podem ser aplicados com êxito, em se considerando a quase infinita gama de comportamentos humanos.

Estabelecidos os parâmetros da normalidade, quaisquer incursões, em outras faixas de conduta, chamam a atenção para uma análise que objetiva evitar a queda pela rampa do *inabitual* até o tombo na alienação.

Examinado o homem na sua legítima realidade, tem-se que considerá-lo como o resultado de um Espírito imortal que é, a exteriorizar-se mediante o perispírito, órgão intermediário responsável pela programação e formação do corpo no qual se movimenta na Terra.

Preexistente à vida física e a ela sobrevivente, deve ser estudado como sendo o resultado das suas multifárias experiências, nas etapas reencarnatórias do passado de onde procede, graças às quais logrou a saúde temporária ou a transitória enfermidade.

Aceitando, porque legítimas, as explicações da Psicologia, da Psiquiatria e da Psicanálise, a respeito da saúde mental, não podemos, os espiritistas, nessas causas únicas, fixar todos os comportamentos alienados, dissociando o Espírito, qual se ele não existisse...

Individualidade eterna, desde quando foi criado, "é o princípio inteligente do Universo", responsável pelo próprio crescimento, na direção da fatalidade para a qual está destinado, que é a perfeição relativa a atingir.

Arquiteto do destino, mediante as leis da justiça que nele se encontram em germe, representando a Consciência cósmica, tudo quanto faz se lhe transforma em bênção ou desdita, conforme a qualidade da ação desenvolvida.

Graças a isso, torna-se herdeiro de si mesmo no largo processo de evolução no qual se encontra situado.

Essa reação se torna mais evidente, excetuados os fenômenos teratológicos mais chocantes, na área das doenças mentais.

Imprimindo nos implementos constitutivos da cerebração, bem como dos sistemas nervosos e das glândulas de secreção endócrina, os conflitos e desconfortos, as cargas de crimes não justiçados do ontem, hoje a criatura humana ressurge incursa nos quadros graves da esquizofrenia, da catatonia, do autismo, das psicoses profundas.

Sem dúvida, por efeito de sintonia vibratória, vincula-se, no momento da reencarnação, a gametas portadores de genes propiciatórios de futuros distúrbios ou de porvindoura harmonia psicofísica.

A mente culpada, ao reencarnar-se, fugindo à responsabilidade de antigos crimes, bloqueia o campo da razão, gerando estados autistas lamentáveis como forma de *esquecer ou destruir* os focos de recordações dolorosas e cruéis.

Nas manifestações fóbicas, encontramos o Espírito impregnado das emoções rudes que o venceram, vitimando-lhe o corpo anterior, seja através da catalepsia que o levou à tumba, seja por outra ocorrência, na qual o pavor se lhe fez tão chocante que agora ressurge como medo incontrolável que desconcerta e aparvalha.

Em toda e qualquer manifestação anormal do comportamento, o Espírito encarnado é o agente que responde pela própria aflição.

Idiotia, imbecilidade, atraso mental são remanescentes de suicídios espetaculares, quando a rebeldia e o orgulho exacerbado estilhaçaram a *casa mental* em utópica tentativa de fuga à responsabilidade, assim perdendo o corpo, mas não se liberando dos fenômenos desencadeados, que ora exigem reparação, recuperação.

Noutros capítulos defrontaremos justas psíquicas entre as vítimas de antanho e os seres seviciadores, os algozes impenitentes que os infelicitaram, dando origem a obsessões, ou a intercâmbios mente a mente, corpo a corpo, em desforços desditosos...

Carregando a consciência culpada, em matrizes que se fixam no inconsciente profundo – as telas delicadas da organização perispiritual –, estabelecem-se os vínculos da desídia perturbadora, a envolver ambos os litigantes em lutas inglórias, que só o amor consegue pacificar.

Na trama e urdidura das obsessões, os agentes vingadores insistem na pugna, até que a vítima tombe irremissivelmente, iniciando-se com o desconcerto da emoção o quadro da loucura.

Igualmente se há de considerar que, sendo o Espírito em si mesmo o responsável pela saúde ou doença de que se torna instrumento, mesmo quando se estabelece a loucura, quase sempre piorando-lhe o quadro manifestam-se perturbações de ordem obsessiva...

Imprescindível que se estabeleça em caráter de urgência uma psicoterapia preventiva para a saúde mental, iniciando-se a programação através do estudo dos valores ético-morais que devem ser incorporados pelos indivíduos, mediante o cultivo do otimismo, das conversações e leituras salutares, da convivência fraternal motivadora de solidariedade, de afirmação e valorização da vida, elementos esses que propiciam a renovação interior e a preservação da paz como do equilíbrio, indispensáveis para que seja estabelecida essa saúde mental, decisiva para o progresso do homem.

Enfermagem espiritual libertadora

No processo de libertação psíquica dos componentes que constituem a organização somática, após o fenômeno da morte biológica, Espíritos há que, por falta de educação mental em relação aos quesitos superiores, se demoram anos e até séculos em lamentáveis fixações que os infelicitam e perturbam.

Vivendo da matéria somente os fenômenos da sensação, desacostumados às emoções elevadas, apegam-se as impressões perniciosas, negando-se a aceitar a condição de desencarnados, e, graças a tal conduta, tombam em estados de alucinação, hibernação e *doenças* que são sequelas daquelas que lhes vitimaram o corpo.

Amor e ódio, renúncia e apego, bondade e mesquinhez, constituem mecanismos de libertação ou algemas escravizadoras que caracterizam cada ser após o desenlace físico.

A grande maioria das criaturas, embora informada das valiosas lições do Espiritualismo, vive, não raro, as experiências materialistas que as acompanham, como demoradas fixações a reclamarem, genericamente, para o mecanismo da desimpregnação, o mesmo tempo em que delas se tornaram dependência.

Vícios e costumes mórbidos, que encarceraram nas jaulas das paixões os que se lhes entregaram, continuam *como necessidades* poderosas, exigindo que os seus aficionados busquem o prosseguimento da insânia na vinculação a companheiros terrenos, igualmente descuidados, o que gera obsessões de largo porte...

Outrossim, se não ocorrer essa ligação parasitária, só o tempo, largo ou breve, conforme maior ou menor envolvimento da vítima, logra desagregar as partículas morbíficas que penetram o perispírito e nele se instalam produzindo o prolongamento da desdita.

É compreensível que as realizações e construções mentais do amor e da caridade, da sabedoria e da abnegação produzam desintoxicação do psicossoma, de imediato liberando o Espírito dos despojos nos quais nenhum liame mantém as vísceras aos centros geradores de vida, assim facultando atingir as Esferas de paz e de renovação, conquista natural essa decorrente dos esforços empreendidos durante a vilegiatura reencarnacionista.

Por ocasião do advento do Espiritismo, graças à Codificação Kardequiana, a mediunidade recebeu orientação condigna, tornando-se instrumento de significativa e nobre utilidade para o intercâmbio entre os homens e os

Espíritos, comprovando a imortalidade da alma e abrindo espaços para o entendimento de inumeráveis acontecimentos que permaneciam envoltos pelo sobrenatural e pelo miraculoso.

Todos os fenômenos de qualquer natureza estão no contexto das *leis naturais,* mesmo quando ignoradas as suas gêneses. O Espiritismo vem demonstrar pela mediunidade a existência do mundo parafísico, tão real ou mais do que o transitório mundo material, sendo este, em última análise, efeito daquele que é o causal, o verdadeiro, portanto.

Constatada que a sociedade além do túmulo é constituída por seres inteligentes que vivem as experiências evolutivas, reencarnando e desencarnando, até a perfeição relativa que a todos nos está destinada, o Espiritismo propicia, pelo intercâmbio mediúnico, a psicoterapia desalienante em favor dos enfermos espirituais que se demoram nos círculos mais grosseiros da Erraticidade, recebendo os Espíritos ajuda e orientação dos homens.

Certamente que, antes dessa enfermagem espiritual direta, terapêuticas várias já eram utilizadas nas áreas de socorro da Espiritualidade conforme ainda agora acontece.

No entanto, vários benefícios defluem desse intercâmbio, no consolo e auxílio mediúnico aos desencarnados:

a) Proporcionam aos membros do grupo socorrista lições proveitosas para eles mesmos, que antevém, mediante a experiência de cada comunicante, o que de acordo com a conduta mantida na Terra; está-lhes reservado quando lhes cessem as pulsações cardíacas; advindo a morte;

b) Melhor compreensão da "lei de causa e efeito", no fluxo-refluxo dos acontecimentos;

c) Exercício da fraternidade, aprendendo os encarnados a conviver com as dores de quem nem sempre é visto, a fim de mais facilmente auxiliar-se na diminuição dos sofrimentos de todos aqueles que os cercam e são vistos;

d) Porque o perispírito possui os mesmos *órgãos* que o corpo físico, quando ocorre o fenômeno da psicofonia, duas ocorrências se dão: 1) durante o acoplamento perispiritual os desencarnados ajustam a sua organização à do médium e volvem ao contato com aqueles que lhes não registravam a presença, não os ouviam; não os viam. Nessa fase podem dar expansão aos sentimentos que os atormentavam, aliviando-se, e, com o atendimento esclarecedor que recebem, modifica-se-lhes o estado íntimo. 2) no intercâmbio natural, ocorre um *choque* fluídico, pelo qual as forças anímicas do percipiente rompem-lhes a *crosta* ideoplástica que os envolve e lhes absorvem os vibriões mentais, qual esponja que se encharca, diminuindo-lhes, expressivamente, a psicosfera negativa que respiram, permitindo-lhes o diálogo no qual se dão conta da morte, *remorrendo,* para despertamento posterior em condições lúcidas que propiciam aos Mentores conduzi-los a postos, hospitais de socorro ou escolas de aprendizagem, nos quais se capacitam para futuros cometimentos;

e) Tornam-se factíveis *cirurgias* perispirituais enquanto ocorre a psicofonia ou os processos socorristas mais específicos que visam beneficiar os agrilhoados às reminiscências carnais, por eles vitalizadas com a mente viciada e com as quais *construem* os infortúnios que os ferem;

f) Homens e Espíritos se exercitam na caridade anônima, já que não se dão conta de a quem ajudam ou de quem lhes chega o auxílio;

g) Porque em faixas muito baixas do psiquismo dominado pelas impressões de teor venenoso, muitos desencarnados não conseguem sintonizar com os Benfeitores da Espiritualidade, e só o diálogo com os encarnados os despertará para uma visão diferente de vida.

Há quem objete contra essa psicoterapia ou enfermagem espiritual aos desencarnados.

Pessoas respeitáveis sugerem outros métodos de *doutrinação* em massa ou de técnicas mais sofisticadas, informando que os médiuns de psicofonia, pelos quais se apresentam os enfermos, sofrem muito. Pretendem poupá-los, ao constrangimento e à ação fluídica desses comunicantes em desequilíbrio.

A mediunidade é, entretanto, instrumento de serviço que, à luz da Doutrina Espírita, se transforma em mecanismo de promoção e dignificação moral-espiritual do próprio medianeiro.

Quanto mais serve o médium educado nas lides espíritas, mais se aprimora e se felicita com amplas percepções.

O intercâmbio com os Espíritos infelizes e perversos, nos serviços especializados, de forma alguma gera prejuízo para o indivíduo portador de mediunidade ou para as suas faculdades. Ao contrário, fá-lo granjear méritos e amigos que o aguardarão, reconhecidos, posteriormente, quando lhe ocorrer também a desencarnação.

Relações espirituais

O inter-relacionamento entre os Espíritos e os homens é mais vasto e constante do que se pode imaginar.

Não sendo a Esfera espiritual senão a realidade primeira, para ali retornam os que deambulam na roupagem carnal, restabelecendo os vínculos afetivos e familiares ou sustentando os ódios e animosidades decorrentes da inferioridade, na qual, por acaso, estagiam.

Em consequência, o intercâmbio se dá automático e natural, circunscrito aos impositivos da afinidade que vigem em toda parte como decorrência das soberanas Leis da Vida.

Formando grupos que se atraem ou se repelem, os Espíritos reencarnam obedecendo a programação evolutiva dentro dos quadros de conquistas ou perdas em que se desenvolvem.

Os problemas derivados da convivência humana são transferidos da Terra para a Erraticidade e de uma para outra reencarnação, dando curso às simpatias e antipatias, aos afetos profundos como aos ódios alienantes.

O trânsito no século terrestre sempre se dá sob o beneplácito de tais amores ou a interferência desses adversários.

Graças aos registros mentais, ao cultivo de um como de outro tipo de aspiração emocional, são atraídos para a *convivência psíquica* desencarnados portadores de aptidões e anelos equivalentes, surgindo um relacionamento que se agrava ou se aprofunda conforme seja a faixa dos interesses existentes.

Quando alguém se afirma responsável absoluto pelos seus pensamentos e atos, ingenuamente não passa de um presunçoso. Da mesma forma, quando se esconde na posição de vítima dos Espíritos que lhe comandam a existência, afligindo-a e levando-a a desacertos, tomba de igual modo, na irresponsabilidade.

Inegavelmente, a interferência espiritual na vida cotidiana dos homens é tão natural, quanto a oxigenação sanguínea para a preservação do corpo...

Pelo fato de se fazer oculta a intercomunicação, isto não significa inexistência, à semelhança da árvore vetusta, cujas flores perfumadas e frutos saborosos são a consequência das raízes ocultas no *milagre* do húmus da terra, mantenedoras de todo o vegetal que esplende acima do solo...

Os homens, em razão das construções mentais, irradiam ondas nas quais intercambiam uns com os outros, estabelecendo fixações e mandando mensagens, emitindo e captando forças que são incorporadas a economia emocional, conscientemente ou não.

Da mesma forma sucede o fenômeno de dependência mental entre esses e os desencarnados, que, invariavelmente, se acercam daqueles que lhes são afins, fiéis aos postulados que abraçam.

Os maus, em razão da predominância dos instintos e paixões primitivas, fomentam desequilíbrios, dando gênese a processos obsessivos que, não cuidados em tempo, se transformam em parasitose perniciosa quão destrutiva.

Igualmente a dependência se dá, em caráter oposto, quando a mente encarnada se fixa naqueles que se desligaram pela morte e que a ela, mente encarnada, se veem atraídos, sofrendo-lhe a incidência perturbadora e rebelde do pensamento enfermiço.

Por outro lado, os Benfeitores empenham-se em auxiliar os seus pupilos, mediante a inspiração e o socorro nos momentos difíceis, tanto quanto através da proteção constante, de modo que esses pupilos consigam executar os compromissos a que se vinculam como necessidade evolutiva.

Cumpre, ao homem esclarecido, selecionar as áreas de aspirações emocionais e os pensamentos que atraiam os nobres Instrutores que os erguerão às cumeadas da sabedoria e aos remansos de paz íntima, como prenúncio da felicidade que os aguarda.

No Universo de vibrações, onde pululam ondas, mentes, ideias e aspirações, cada ser se imanta a outro de teor equivalente, propiciador de inevitável intercâmbio espiritual.

Conforme é lógico, os afetos se esforçam para auxiliar-se reciprocamente, enquanto os inimigos se armam de sutilezas e agridem com violência ou não para desforços inconcebíveis.

Na razão em que os primeiros criam condições favoráveis ao êxito e impulsionam pessoas generosas para que ajudem aos seus pupilos, promovendo circunstâncias promissoras, aqueloutros, os invejosos e perversos, armam ciladas, emulam às decisões arbitrárias, estimulam os instintos e paixões inferiores, em cujo processo se comprazem, mais se infelicitando, sem dúvida, em razão da ignorância na qual permanecem.

Elevar-se moralmente, através dos pensamentos nobilitantes, do estudo libertador e da ação fomentadora do progresso, deve constituir um miniroteiro para quem anele por uma sintonia com os Mensageiros da Luz, já que, a sós, tal é a verdade, ninguém se movimenta no mundo...

Obstáculos à mediunidade

A mediunidade tem, como fim providencial, a elevação espiritual da Humanidade e do planeta que habita. Como consequência, faculta o intercâmbio dos desencarnados com os homens, rompendo a cortina que aparentemente os separa, destruindo na base a negação e o ceticismo a que muitos se aferram. Da mesma forma, oferece a correta visão da realidade de ultratumba, ampliando a compreensão em torno do mundo primeiro e causal, onde todos se originam e para o qual retornam; dá ensejo ao esforço de promoção cultural e moral, graças ao qual se torna possível a libertação dos vícios e dos atavismos mais primários que lhe predominam na natureza.

A faculdade mediúnica propicia o esclarecimento dos que se demoram na rebeldia espiritual, num ou noutro lado da vida, auxiliando a terapia das alienações e, sobretudo, da desagregação interior que resulta do desconhecimento das Leis que os Espíritos superiores explicam e ajudam a ser respeitadas, em face da finalidade que têm de manter a ordem e o equilíbrio, que constituem fundamento primacial no Universo.

Assim, o exercício mediúnico fortalece os laços da fraternidade entre os habitantes das duas esferas de diferentes vibrações, ampliando a área do afeto e eliminando o ódio cáustico que infelicita grande faixa de seres; estimula a humildade, pois que demonstra, diante da grandeza da vida, a pequenez do homem, não obstante ser o grande investimento do amor que o promove e eleva através dos milênios, trabalhando pelo seu engrandecimento.

A mediunidade bem exercida leva o trabalhador ao mediumato, que tem em Jesus, o Modelo, por haver sido, por excelência, o perfeito Médium de Deus, graças à sintonia ideal mantida com o Pai.

Apesar de tais objetivos, há escolhos graves que se lhe antepõem, intentando impedir-lhe os logros elevados. Os mais cruéis são as imperfeições morais do próprio médium, que permitem a interferência dos maus Espíritos como dos frívolos, que com ele se afinam, mantendo identificação de propósitos, naturalmente de natureza inferior. Concomitantemente, esse intercâmbio de características negativas ou vulgares determina o aparecimento das síndromes obsessivas que, não cuidadas em tempo próprio, se transformam em malsinada fascinação e subjugação, com graves riscos, inclusive, de vida para o invigilante.

Essa inferioridade na natureza moral do médium, quando não encontra conveniente educação e aprimoramento, responde por incontáveis males que não deixam o medianeiro alcançar o elevado mister a que está destinado.

Por essas razões, variam os graus de mediunidade, em decorrência dos registros que tipificam as credenciais intelecto-morais de cada um.

Da mesma forma, diferem os tipos de mediunidade, e graças à sua larga faixa, a documentação da sobrevivência melhor se afirma, fazendo que se esboroem as hipóteses que se lhe contrapõem com arroubos de negação da sua real procedência.

O médium deve, como efeito dos perigos a que está exposto, trabalhar pelo aprimoramento íntimo constante, exercendo o seu ministério com abnegação e desinteresse, mediante o que granjeia a simpatia dos bons Espíritos, que passam a assisti-lo, ao mesmo tempo em que haure recursos fluídicos entre aqueles que lhe recebem os benefícios, adquirindo mais segurança e capacidade de autodoação. Assim se fortalece e sai das frequências mais baixas vivenciando, então, os ideais relevantes e altruísticos.

O orgulho e a presunção, a indolência e a irresponsabilidade, tão do agrado das pessoas descuidadas em relação aos compromissos de alto porte, não devem viger nas atitudes de quem abraça a tarefa mediúnica, pois que aquelas qualidades perniciosas do caráter tornam-se-lhe escolhos perigosos.

Vemos, no dia a dia, esses indivíduos instáveis e incorretos, exercendo a mediunidade com insegurança e descontrole, com altibaixos que bem denotam a sua conduta reprochável e o seu deplorável estado íntimo.

Não é a mediunidade responsável por esses comportamentos ridículos e perigosos, conforme fazem crer alguns médiuns inescrupulosos, mas eles mesmos, por serem de constituições morais frágeis e emocionalmente atormentados, renteando com os episódios obsessivos que terminarão por vitimá-los, mais tarde.

Exercem a faculdade mediúnica para autopromoção, sem escrúpulo nem consciência correta dos próprios atos. Acreditando-se criaturas especiais, permitem-se contínuas leviandades, brincando com as forças da vida, que atiram aos jogos espúrios dos interesses imediatos, descambando para graves situações nas quais se infelicitam e aos demais prejudicam.

Ardilosos, mentem, dissimulam, disfarçando esses sentimentos inferiores como sendo influência dos Espíritos maus, o que realmente sucede às vezes, porém pela simples razão de serem eles mesmos os responsáveis pela ocorrência, em face da afinidade recíproca existente, assim se comprazendo em permanecer nas posturas que fingem deplorar.

Os *médiuns seguros,* conforme definiu Allan Kardec, ouvem as comunicações de que se fazem intermediários, aplicando-as em favor do próprio progresso, cônscios dos compromissos dignos que assumiram e buscam desincumbir-se com dignidade.

São, por isso mesmo, homens honrados, que mais facilmente se engrandecem pelos exemplos de que dão mostras, tornando-se merecedores de serem, seguidos pelo bem-estar que exteriorizam, porque o fruem na sua vivência cotidiana.

O diluente eficaz para esses obstáculos da mediunidade é desse modo, o aprimoramento moral do sensitivo, que encontrará no trabalho da edificação do bem e da caridade, na oração e no estudo edificante, as forças para romper os impedimentos próprios da sua natureza em estágio de progresso, alcançando os patamares da libertação.

Educação íntima

A prática da mediunidade espírita consciente proporciona inimagináveis satisfações. Não apenas dulcifica aquele que se lhe propõe ao ministério como enseja a paz interior que decorre do prazer de servir, repartindo emoções saudáveis e distendendo esperanças de consolação. Acrescente-se a esses valores o aprendizado que decorre da convivência psíquica com os Espíritos superiores e a impregnação de energias hauridas enquanto se operam os fenômenos nas suas diversas expressões, e pode-se ter ideia das bênçãos que se recolhe.

Para que, no entanto, se atinja essa situação, todo um largo período de experimentação se faz indispensável, como técnica de educação das forças latentes que devem ser canalizadas com o equilíbrio próprio para cometimento de tal jaez.

A mediunidade, que se encontra presente em todos os indivíduos, requer cuidados especiais que lhe facultem o conveniente desabrochar, ou, *a posteriori,* o correto conduzir.

Excetuam-se, naturalmente, os casos em que ocorrem as obsessões, quando, pela violência, os sensitivos são dominados pela interferência do *invasor* da sua casa mental, conforme o grau em que se estabeleça a *parasitose* psíquica.

Outras vezes, em razão do descurado comportamento moral do médium, há intercorrências que se estabelecem como condições viciosas, levando-o a estados de alienação ou dependência perniciosa, nas quais desestrutura a personalidade e marcha para a consumpção dos objetivos dignificantes da vida.

Para que ocorra uma educação desejável, é necessário o estudo da própria faculdade, assim como da Doutrina Espírita, a fim de identificar-se o mecanismo das forças de que se dispõe, bem como dos valores éticos e instrutivos do Espiritismo, que devem ser incorporados ao dia a dia, gerando conquistas morais que libertam o médium das paixões inferiores e atraem os Seres Espirituais interessados no progresso da Humanidade.

Adicione-se a disciplina como fator relevante, graças ao contributo da qual se fixam os hábitos salutares no exercício da faculdade, para que se colimem os fins específicos dessa função a que denominam de natureza extrassensorial.

Outrossim, são fatores, de considerável significação a vida interior do medianeiro, a sua capacidade de concentração, de fixação de propósitos na área da meditação, com o objetivo de libertação das sensações mais grosseiras que respondem por vasta cópia de prejuízos na conduta e na individualidade profunda do ser.

Numa sociedade que se apaixona pelos ruídos e que se movimenta em torno da balbúrdia, atravancando-se de coisas-nenhumas que perturbam a paz e a integração nos ideais relevantes, faz enorme falta o silêncio íntimo e o equilíbrio das emoções.

Para o conveniente registro das comunicações espirituais é exigível que se estabeleça, mediante a concentração, o aquietamento das ansiedades e das turbações constantes, ruidosas e insensatas, de modo que ocorram espaços mentais silenciosos, nos quais se captam as informações, os pensamentos das Entidades desencarnadas.

A mente deve tornar-se um espelho que reflita sem sinuosidades nem distorções as imagens que lhe sejam projetadas, o que requer uma lâmina correta, de elaboração cuidada.

Num psiquismo irrequieto, caracterizado pela irreflexão e por suscetibilidades, não se encontram áreas de paz, de silêncio, que ensejem a tranquila captação das paisagens e mensagens que se lhe transmitam.

Certamente, esta não é uma tarefa para ser realizada de um golpe, em momento de empatia ou de entusiasmo, antes decorre de um processo de autocontrole de largo curso, que se logra mediante exercício constante, gerador do clima emocional harmonioso que favorece o silêncio mental indispensável.

Ninguém estabelece que o médium deva ser um espírito perfeito para atingir esse estado; no entanto, é desejável que ele se esforce por melhorar-se sempre, galgando mais altos degraus da evolução, aspirando por mais significativas conquistas morais.

O silêncio íntimo preserva a paz do indivíduo em todo lugar, sem que ele seja atingido pelos petardos da ira ou do ciúme, pelos gravames da maledicência ou da calúnia, que lhe sejam atirados.

Da mesma forma, pouco importa a balbúrdia em sua volta, conseguindo transitar em qualquer clima físico e mental sem perturbação ou desordem, não se afinando com as ondas de violência que se entrechocam em torno da sua atividade.

O estudo doutrinário estimula a criação de um estado íntimo otimista, equaciona os problemas afligentes que cedem lugar à confiança na fatalidade do bem, que a todos se destina.

Origina-se aí a autoconfiança, com o consequente libertar-se das preocupações exageradas e da valorização de insignificâncias que se responsabilizam por muitas aflições.

Nesse campo de harmonia mental estabelecem-se o silêncio, a quietação interior, a passividade mediúnica, responsáveis pelo registro e fidelidade do intercâmbio. Os outros fatores morais completam a qualidade do conteúdo da mensagem, como efeito da sintonia do médium com os seus Instrutores, que se deixam atrair pelo esforço por ele desenvolvido, assim como pelo aproveitamento e aplicação das lições recebidas.

Não se levando em consideração esses requisitos mínimos, o fenômeno mediúnico não vai além de trivialidades e incongruências, perturbações e distonias, quando a função, em si mesma, não sofre bloqueios decorrentes do baixo teor vibratório das companhias psíquicas do próprio médium.

Desse modo, a prática espírita da mediunidade não se restringe a momentos, a situações e lugares, mas a um permanente estado de sintonia com o Alto e de equilíbrio pessoal, porquanto o intermediário, onde se encontre, não se apresenta dissociado nem liberado das forças e faculdades paranormais de que está investido.

A sua atuação deve ser constante, embora não se, faça necessária a interferência ostensiva dos Espíritos, tendo em vista ser ele mesmo um Espírito em processo de crescimento para a Vida e para Deus.

Psiquismo mediúnico

A hipótese de que o subconsciente é o responsável pelas personificações parasitárias e anômalas foi a primeira levantada contra a mediunidade, dando surgimento às conceituações negativas apressadas, como patologias inerentes ao indivíduo, por cujo intermédio pareciam comunicar-se as almas dos mortos. A histeria, por sua vez, foi posta para coadjuvar tão aberrante diagnóstico, que teria fundamento fisiológico no polígono cerebral, de Wundt, encarregado de arquivar os conflitos e as frustrações que se corporificariam como estados de alienação, credora de tratamento especializado, em detrimento da possibilidade de comunicação espiritual.

Mais tarde, o inconsciente, de Freud, assumiu a responsabilidade por tal *degradação da personalidade,* que ocultava, na sua gênese, qualquer tipo de distúrbio da libido.

Além dessas explicações, foram adicionadas as hipóteses da fraude, da dissimulação, da telepatia, da hiperestesia, em vãs tentativas de negar a veracidade do intercâmbio entre os encarnados e os desencarnados.

Não afirmamos que sejam totalmente destituídas de respeito tais possibilidades, porquanto o fenômeno anímico é ocorrência presente, como se pode depreender, na estrutura do mediúnico, sem prejuízo para este. Todavia, sobrepondo-se a toda a gama de mecanismos automatistas do inconsciente e das interferências psíquicas outras, flui cristalina a mensagem dos imortais, confirmando a sua realidade e oferecendo largo campo de estudos a respeito da vida e do homem em si mesmo.

Descartamos as inconsistentes hipóteses da dissimulação e da fraude, porque são parte integrante de determinados caracteres morais do homem, sempre presentes nos diversos setores nos quais se encontram, e que, por aí remanescerem, não invalidam os valores legítimos e nobres das atividades de outra natureza.

A mediunidade é expressão fisiopsíquica inerente ao homem, por cujo meio é-lhe possível entrar em contato com outras faixas vibratórias, além e aquém daquelas que são captadas pelos seus equipamentos sensoriais.

A percepção sensorial humana se encontra adstrita à pequena faixa de vibrações.

Somente as eletromagnéticas que transitam entre o vermelho, que é a mais baixa frequência visível, e o violeta que lhe é o oposto, portanto, a mais alta, podem ser captadas em razão de permitirem vibrar as terminais do nervo ótico na retina. As micro-ondas, as caloríferas, as de rádio, porque não correspondem a frequências cuja ressonância atinja a visão, não são percebidas, embora sejam portadoras da mesma natureza das cores registradas.

Assim, no imenso espectro de frequências que abrange as ondas longas de rádio, chegando aos raios gama e cósmicos, a limitada visão do homem apenas seleciona mui pequena faixa, conforme referido.

A audição, da mesma forma, é-lhe muito reduzida, Captando sons que ocorrem entre 16 e 20 mil vibrações por segundo, perde a criatura para os animais, com capacidade muito maior de percepção, qual lhes ocorre também, na área da visão.

Não obstante, a desinformação ou má vontade teimam em associar à loucura e à neurose a presença dos registros mediúnicos.

As disposições pessoais para os desequilíbrios são inatas no homem, que neles estão em gérmen, assomando e predominando como psicopatologias em todos os campos de atividade nos quais se encontram esses indivíduos.

Desse modo, é destituído de realidade o conceito que se vulgariza entre os desconhecedores do Espiritismo e, por extensão, da mediunidade, que o exercício dessa predisposição leva o seu possuidor à desarmonia mental, ou propicia-lhe má sorte, desconcertos sociais e econômicos.

O desenvolvimento ou educação da mediunidade oferece uma instrumentação a mais, um *sexto sentido* de grande valor para complementar a precariedade de recursos e funções de que dispõe o Espírito encarnado.

Certamente que um instrumento deixado ao abandono termina por perder a capacidade para a qual foi construído, danificando-se sob a ação perniciosa do tempo e do desmazelo. Com qualquer função sensorial ou paranormal ocorre o mesmo. O órgão não exercitado se atrofia, assim como a mediunidade não exercida perde os registros, a percepção paranormal.

De tal realidade, para se afirmar com leviana convicção que a mesma é geradora de danos e prejuízos vai um largo pego.

Os danos e insucessos, as dificuldades e os desafios, que o homem se vê compelido a enfrentar, resultam da sua conduta passada ou presente que lhe proporciona a colheita equivalente às ações distribuídas.

Convenhamos que a atividade mediúnica bem executada, posta a serviço do engrandecimento das criaturas e da sociedade – a mediunidade espírita –, propicia gozos e respeito que felicitam aquele que a aplica no bem, conforme é fácil de compreender-se, porquanto a ocorrência é idêntica nas demais faixas do comportamento humano.

Adicione-se que o médium diligente e generoso, sempre a serviço do bem e da iluminação das consciências, além das simpatias que granjeia entre as criaturas atrai a amizade e o devotamento dos bons Espíritos, que passam a protegê-lo e guiá-lo com sabedoria, promovendo-o, moral e espiritualmente, como efeito dos sentimentos de amor que os une na tarefa que fomenta o progresso de todos.

Instrumento delicado, a mediunidade mais se afirma quanto mais exercida, granjeando melhores e mais sutis possibilidades como decorrência do exercício a que vai submetida.

Não procedem desse modo, as alegações a respeito de que a mediunidade é *miséria psicológica* ou responsável pelos danos que afligem aquelas pessoas dotadas.

O conhecimento de tão peregrina função ou dom da vida auxilia o crescimento moral e o desenvolvimento psíquico, criando um clima de paz invejável, que passa a desfrutar aquele que a respeita e a utiliza corretamente.

Allan Kardec afirmou com altas razões que ela é manifestação *anômala,* às vezes, na personalidade humana, porque especial; jamais, porém, de natureza patológica, visto que "há médiuns de saúde robusta; os doentes o são por outras causas".

Calvário de luz

O exercício saudável da mediunidade resulta de inumeráveis fatores que constituem desafios ao médium, destacando-se, entre outros, a conduta moral e mental, a disciplina emocional, que decorrem do conhecimento adquirido em função da faculdade que possui.

Pelo fato de movimentar-se entre as duas esferas, a dos encarnados e a dos desencarnados, o médium sofre interferência de ambas, que geram, em determinados momentos, grandes conflitos e perturbações.

Porque os Espíritos são as almas dos homens com as suas qualidades e imperfeições, experimenta mais normalmente o assédio dos infelizes, em razão de mais acessível sintonia vibratória, constituindo, a mediunidade, um calvário invisível, desde que levada a sério e com elevação.

Devendo lutar contra as más tendências que lhe caracterizam o estado evolutivo, o médium responsável atém-se a um programa de educação íntima e de realização pessoal muito severo, através do qual se libera dos próprios débitos, burilando os sentimentos e, pela aquisição da cultura, iluminando a razão. Nesse tentame, enfrenta aqueles a quem, porventura, haja prejudicado que investem impiedosos, na tentativa de impedir-lhe a felicidade.

Desse modo, inspiram-lhe sentimentos contraditórios, estimulam-lhe as paixões inferiores, assaltam-no nos momentos de desprendimento pelo sono, utilizando-se de ardis, mediante os quais esperam colher o adversário para comprazer-se na sua infelicidade.

Por outro lado, a ação benéfica, desenvolvida pelo médium dedicado, atrai a inveja dos Espíritos ociosos e açula a revolta daqueles que perseguem o beneficiário da sua assistência fraternal, os quais se voltam contra o seu trabalho, intentando prejudicá-lo.

Nas tarefas da terapêutica desobsessiva, mais grave se torna essa agressão, porquanto, sentindo perder a força da opressão exercida contra a sua vítima atual, o perseguidor se volta em direção ao fator que lhe obstaculiza o prosseguimento da empresa infeliz.

Passa a acompanhar o médium e intenta descobrir-lhe os pontos vulneráveis, somando as suas reações com a animosidade dos inimigos naturais do mesmo, que se comprazem ante a ajuda que lhes chega para a execução do desforço pretendido.

Por fim, os contumazes adversários das causas de enobrecimento da Humanidade, dos ideais de libertação hu-

Temas da vida e da morte

mana, dos programas de elevação da sociedade, e da Doutrina Espírita, que sintetiza os mais nobres anseios do ser pensante, rebelam-se e correm a assediar e interferir nos propósitos do trabalhador do bem, que passa a travar rudes pelejas, chegando a sacrifícios e testemunhos que permanecem desconhecidos dos outros, porque desencadeados nas paisagens do mundo íntimo, longe do olhar e da compreensão do próximo.

Em face da sua movimentação e impiedade, essas Entidades vão buscar pessoas insensatas, frívolas e desequilibradas com as quais mantêm sintonia de gostos e de comportamento, e as atiram contra o lidador, ou geram campos de afetividade perniciosa, a promoverem situações e cenas desagradáveis, comprometedoras quão ridículas.

Sensível, pela constituição que lhe é peculiar, o médium regista esses jogos de paixões, mortificando-se para superá-las, ao mesmo tempo buscando socorrer aqueles que passam a constituir-lhe motivo de provação e dor.

Não fica, porém, aí, o cerco, pois que outros indivíduos são induzidos à malquerença e à inveja, desencadeando movimentos de censura, calúnia e perseguição gratuita, que encontram fácil acolhida entre os ociosos e competidores, que pretendem a fama e desprezam o trabalho, sempre dispostos para as festas e distantes das lutas que lhes imponham renúncia e sacrifício.

Apesar de toda essa pugna, a conduta e a dedicação do médium atraem a assídua assistência do seu Espírito

Guia, que o encoraja e o fortalece, inspirando-o à perseverança e à continuidade no trabalho nobre, informando-o a respeito do que lhe está reservado caso venha a sair-se vitorioso do empreendimento abraçado. Explica-lhe que tal sucede em razão da sua necessidade de evolução, o que lhe constitui rara oportunidade de progresso que não deve ser postergada.

Por outro lado, os Protetores daqueles a quem ajuda e assiste vêm em seu apoio, movidos pela simpatia e gratidão ao seu empenho fraternal em favor dos seus pupilos.

Demais, os que são consolados e esclarecidos pela sua faculdade mediúnica e recuperam a paz íntima, se lhes vinculam, aumentando o grupo de amigos vigilantes que passam a amá-lo.

Igualmente, os inspiradores das grandes causas e Guias da Humanidade, reconhecidos ao seu esforço pelo progresso geral, acodem-no nos momentos cruciais e definidores da sua existência terrena, influindo nas decisões em favor dos futuros cometimentos que lhe cumpre executar.

Porque a dor o macera e os testemunhos o visitam, nesse calvário silencioso, há sempre uma ressurreição luminosa a cada morte íntima, a cada abnegação, propiciada pelos Construtores da felicidade eterna, que jamais deixam os homens, especialmente aqueles que lhes compartem as elevadas aspirações, sem o competente apoio e amparo.

As concessões de paz íntima e de bem-estar, passado o primeiro período do exercício mediúnico, o de provas, são infinitamente maiores e mais compensadoras se fazem, a tal ponto, que levam o medianeiro a anelar por mais esforço e dedicação, de modo a poder fruir mais intensamente essas emoções.

Qualquer pessoa afeiçoada à verdade e ao amor, ao trabalho e à caridade, ao heroísmo e à abnegação, conhecem esses momentos de elevação íntima e de vibração indefinível que chegam após as lutas, quando passam a comungar com as Esferas superiores.

Razões possui o médium para porfiar e dedicar-se aos rígidos deveres espirituais, jamais se furtando ao auxílio aos sofredores de ambos os lados da vida, e banindo da mente a presunção de que não deve vincular-se aos que padecem na Erraticidade porque a sua faculdade estaria destinada a altos cometimentos e missões especiais na Terra.

Tal vaidade é responsável pelo fracasso de muitos medianeiros invigilantes, que pretendem regime de conduta especial, acreditando-se adrede preparados para relacionamentos interplanetários, com Espíritos-mestres e Guias das Regiões sublimes e escusando-se aos labores de doutrinamento e desobsessão, em cujas faixas se movimentam os desencarnados infelizes.

A fascinação os entorpece, anulando-lhes os sentimentos de amor e de caridade, ao mesmo tempo empurrando-os para as subjugações terríveis e os fanatismos lamentáveis.

Quem desejar o acume da montanha terá que transitar pelo sopé onde lhe repousam as estruturas de sustentação.

Jesus, que na Terra exerceu a função de Médium de Deus, e com Seu pensamento mantinha constante identificação, jamais se escusava de atender a infelicidade e ao sofrimento de qualquer procedência: manteve diálogo libertador com os Espíritos malévolos que obsidiavam o gadareno; com os que levavam a crises epilépticas o jovem lunático que o pai lhe pediu libertar; com os que perturbaram moral e mentalmente a obsessa de Magdala; enfim, atendeu aos enfermos do corpo e da alma que somos quase todos nós, e que, tanto tempo após a sua estada em nosso meio, prossegue sem nos abandonar por um momento sequer.

A Terra é estância de provas e de purificação, e a mediunidade de aqui se encontra para atender à alta finalidade de auxiliar e socorrer os que sofrem, confirmando a imortalidade da alma e preparando o advento da nova Era que se aproxima, quando o mal baterá definitivamente em retirada.

O calvário dos médiuns é, pois, todo assinalado de luz e de amor.

Influência do meio e do médium

O meio ambiente exerce insuspeitadas predisposições e efeitos nos seres vivos, alterando-lhes a constituição ou preservando-a.

Embora o meio sociocultural seja consequência da ação do homem, torna-se-lhe fator de vigorosos efeitos no comportamento, o que tem levado muitas pessoas a concluir "que o homem é o produto do meio", salvante, naturalmente, as suas inevitáveis exceções.

É compreensível, portanto, que a influência do meio moral e emocional seja prevalente nos fenômenos mediúnicos.

Além da inevitável influência do médium, em decorrência dos seus componentes íntimos, o psiquismo do Grupo responde por grande número de resultados nos cometimentos da mediunidade.

Do ponto de vista moral, os membros que constituem o Núcleo atraem, por afinidade, os Espíritos que lhe são semelhantes, em razão da convivência mental já existente entre eles. Onde quer que se apresentem os indivíduos, aí também estarão os seus consócios espirituais.

A simples mudança de lugar por pessoa não altera o tipo das companhias que a assessoram.

De igual modo, o caráter da experiência mediúnica e a seriedade ou interesse frívolo que lhe é dedicado produzem natural intercâmbio com Entidades equivalentes.

Daí não se ter o direito de transferir para o médium a responsabilidade total da ação exercida pelos Espíritos, assim como da qualidade moral e cultural dos mesmos que por ele se comunicam.

O médium é um indivíduo sensível a determinadas influenciações do Mundo espiritual, ao mesmo tempo receptivo a certas ondas mentais que procedem dos homens, e, não raro, produzem fenômenos de telepatia, com correspondente resposta anímica aos apelos vigorosos ou aos impulsos-determinações que lhe são dirigidos.

De bom alvitre, pois, que todo aquele que pretende exercer a mediunidade, estude e exercite os seus recursos de captação e registro, sem precipitação nem vaidade, considerando-se sempre como sendo instrumento frágil e vulnerável, a requisitar cuidados contínuos e constante disciplina.

A ansiedade, a agitação nervosa ou estado depressivo e as intenções doentias do médium produzem-lhe bloqueios compreensíveis, afastando da sua companhia os Espíritos dignos, que deixam o lugar aos inescrupulosos e vadios, sempre interessados em prejudicar e gerar desconforto, dando curso à conduta a que se acostumaram na Terra...

Outrossim, o hábito de interiorização deve constituir a forma eficaz para que o médium anule as interferências estranhas e insistentes que buscam penetrar na sua tela mental com o propósito de predominar em relação à influência dos desencarnados.

As leituras salutares, o cultivo dos bons e nobres sentimentos, as ações de benemerência e vinculação com o pensamento divino, graças à oração de recolhimento, inspiradora, abrem-lhe as portas da percepção, facilitando o intercâmbio seguro, do qual resultam efeitos bonançosos e edificantes para ele próprio como para os outros.

Cabe desse modo, ao médium sincero, sobrepor, as influências do meio onde opera, as suas conquistas pessoais, gerando em sua volta uma psicosfera positiva quão otimista, sob todos os aspectos propícia à execução do compromisso a que se dedica.

Como não pode antever o meio no qual exercitará a mediunidade, cabe-lhe conduzir o seu *clima* psíquico favoravelmente ao evento, fornecendo os elementos hábeis para os resultados benéficos.

Variam as condições para o fenômeno, conforme são as diferentes mediunidades.

Não havendo dois médiuns iguais, como ocorre em outros campos de atividade, cada qual é o resultado das conquistas atuais e pregressas, que lhe ensejam os recursos indispensáveis para a execução do mister abraçado.

Assim, há aqueles que facilmente se comunicam com os Espíritos, em decorrência de as suas experiências iniciais terem ocorrido em outras reencarnações, nas quais treinaram a aptidão que possuíam. Outros, no entanto, são mais tardos nesse desiderato, o que, em nada lhes diminui o valor; pelo contrário, mais lhes amplia o merecimento, em face do esforço que empreendem até o coroamento pelo êxito.

O importante, num como noutro, serão os objetivos que perseguem em favor da tarefa espiritual, a conduta que se impõem, buscando valorizar a vida e a oportunidade na luta pelo aprimoramento interior, o desinteresse por qualquer retribuição, provinda dos que se beneficiam com o seu labor, e, principalmente, tomando para si as instruções que recebem, antes que para os outros.

A mediunidade bem exercida é roteiro de iluminação, que proporciona venturas inimagináveis, quando a afeição e o amor a abraçam, em favor da Humanidade.

Assim considerada e vivida, serão superados os fatores do meio que, ao invés de influenciar sempre, passa a sofrer-lhe a influenciação, estabelecendo-se psicosfera benéfica quão salutar para todos aqueles que constituem o Grupo no qual ela se desdobra.

Não se descarte, pois, a influência do meio, que deve ser superior, nem do médium, que se deve apresentar equipado dos recursos próprios, de modo que se recolham boas e proveitosas comunicações, ampliando-se o campo de percepção do Mundo espiritual, causal e pulsante, no qual se encontra mergulhado, em escala menor, o físico, por onde se movimentam os homens, no processo de crescimento e evolução.

Identificação dos espíritos

Questão grave, a da identificação dos Espíritos, nos fenômenos mediúnicos.

Utilizando-se de um equipamento muito complicado, nem todos os comunicantes sabem manipulá-lo como seria de desejar.

Além disso, as próprias complexidades e circunstâncias em que ocorre o fenômeno geram desafios aos mais experientes desencarnados, que se veem a braços com a vontade e o caráter do médium, no momento das comunicações.

Outrossim, deve-se ter em mente que a morte biológica não é igual para todos, sendo o despertar na ultratumba conforme o comportamento vivenciado durante toda a existência corporal.

Tomando consciência da realidade na qual ora se encontram, os Espíritos lúcidos passam a experimentar verdadeira revolução conceitual, obrigando-se a reconsiderar opiniões e objetivos aos quais se aferravam antes da libertação.

A surpresa que lhes assinala a consciência ante outros valores, alguns dos quais lhes eram desconhecidos ou não considerados, fá-los reavaliar o comportamento cultural e emocional, direcionando-os a novas ações, algumas bem diversas daquelas a que se habituaram no corpo somático.

Ampliam-se-lhes os horizontes da compreensão humana, e a visão, a respeito do destino, passa a experimentar uma correção de ângulo, que exige acuradas reflexões e largo esforço reeducativo.

Embora não se modifiquem as áreas afetivas, as dos interesses antes tão significativos sofrem alterações de magnitude.

Os literatos e poetas, romancistas e pertencentes à faina periodística, veem alterados os fins que antes perseguiam, e as temáticas que lhes eram familiares, carregadas de emoção e paixões específicas, cedem lugar a objetivos bem diversos daqueles que os impeliam às competições, às lutas nas quais disputavam projeção e relevo.

Deixam de lado, então, porque sem significado, as láureas e honras humanas, as glórias e homenagens, que os agradavam antes, e vestem o burel da humildade e reformulam opiniões, agora com idealismo diferente.

É certo que lhes não esmaece o vigor nem o entusiasmo pela ação promotora do progresso, o desejo sincero de oferecer cultura e beleza.

No entanto, a forma de fazê-lo altera-se, e os modismos envaidecedores, que os caracterizavam, perdem a empatia anterior, o interesse central.

Mantêm o estilo, pois que cada ser possui características próprias, tipificadoras, como resultado da soma das suas experiências e conquistas, valores esses que lhes exornam a individualidade eterna.

Desinteressam-se, no entanto, pela grafia e até pela gramática, quando escrevem do Além, embora os mais habilitados no intercâmbio busquem conciliar tais recursos, unindo, ao conteúdo superior de que tratam a forma elegante e escorreita.

Estranham, porém, os críticos do fenômeno mais exigentes, que não encontram nos seus autores preferidos, quando em mensagens mediúnicas, aquele gênio e aquela grandeza que se acostumaram a admirar. Afirmam até que são menos fecundos e originais, no além-túmulo, do que o foram quando nas lides do proscênio humano.

É destituída de fundamento tal crítica, posto que a diferença dos temas enfocados, dirigidos agora para outro sentido ético e cultural, faz que percam as cores carregadas que antes se encontravam nos escritos fortes e apaixonados, açulando sensações e lutas encarniçadas com direcionamento para o orgulho pessoal, o egocentrismo, os partidos e as facções a que pertenciam e buscavam promover.

A morte é a desveladora da vida.

O fenômeno mediúnico é sutil e exige acurada percepção para uma análise adequada, sem as precipitações dos que opinam sem o conhecer, nem as versões dos que se creem autoridades, e, no entanto, não possuem o necessário senso de análise para correta avaliação do mesmo.

A faculdade mediúnica varia de indivíduo para indivíduo, conforme a aptidão pessoal de cada um, apresentando características especiais que lhe facultam melhor percepção para um outro tipo de comunicação, sendo sempre, ele próprio, em Espírito, o intérprete eficiente ou não da mensagem.

O médium, na condição de instrumento, é um condutor, com todas as virtudes e defeitos de qualquer mensageiro.

Tome-se como experiência o envio de simples recado a um destinatário exigente:

Chamados vários indivíduos, de diferente formação cultural, moral e educativa, participe-se a eles a informação, pedindo que cada um, a seu turno, transmita a mensagem que ora se lhes entrega.

Sem dúvida, cada um dará conta da incumbência, não conforme aconteceu, mas consoante sua capacidade retentiva, sua emoção e lucidez, com variantes tais que produzirão confusão naquele a quem foi endereçada.

Temos aí pálida ideia do que ocorre no intercâmbio mediúnico.

O médium *coa* o pensamento do Espírito e veste-o com os seus recursos, num automatismo que o exercício lhe faculta, decorrente do conhecimento da sua função, da disciplina mental, enfim, de diversos requisitos indispensáveis a um bom desempenho da tarefa.

Mesmo nos fenômenos de ectoplasmia, quando ocorrem as materializações, os elementos retirados do médium não ficam em absoluta neutralidade.

O som que se exterioriza de qualquer instrumento, por mais que variem aqueles que o acionam, não excede à sua própria constituição.

A diferença do artista se observará no virtuosismo, no afinamento melódico, na harmonia das notas, sem que seja eliminado, porém, o recurso do aparelho gerador.

Ocorrem, muitas vezes, excelentes ditados mediúnicos, belos quanto corretos, na forma e no fundo, através de pessoas incultas, parecendo invalidar o que afirmamos. Mesmo aí, a transmissão, Espírito a Espírito, é feita psiquicamente, e as conquistas de outras reencarnações, latentes no perispírito do instrumento, se encarregam da exteriorização correta pelo mesmo automatismo já referido.

Da mesma forma, quando se trata de comunicações que procedem de Espíritos que se utilizavam de outros idiomas, esses Espíritos podem expressar-se tanto na língua-mãe, qual ocorre na xenoglossia, quanto no idioma do médium, sendo mais fácil esta última opção, em se considerando que a linguagem dos desencarnados é a do pensamento, que o médium capta e a que dá forma, no inconsciente, através das expressões nacionais, de acordo com a linguagem que lhe é comum...

Não obstante, nas ocorrências da xenoglossia, as comunicações somente se dão exatas quando há *matrizes* no inconsciente profundo do médium, que terá vivido naquelas regiões onde se falavam aqueles idiomas, em existências pregressas.

Não há milagre nas leis que regem a vida, igualmente não o poderia ocorrer nos fenômenos da mediunidade, dilacerando o equilíbrio da ordem geral, assim invalidando os *processos* naturais, embora paranormais, que lhes permitem a ocorrência.

A princípio, a fim de chamar a atenção dos homens para a imortalidade da alma, materializaram-se os Espíritos, objetivando elevá-los. Agora é o momento de superar os condicionamentos da matéria; espiritualizando-se cada vez mais as criaturas.

Ocorrem comunicações nas quais a soma expressiva de fatores probantes, de quem as subscreve, demonstra-lhes a autenticidade. Não se deseje, porém, reencontrar aqueles que desencarnaram aferrados, no escrever ou no falar, aos mesmos modismos e interesses antes cultivados, pois que significaria retê-los em indefinido atraso, renteando com os limites que os aprisionavam ao corpo em deplorável situação *post mortem*.

O problema, portanto, da identificação dos Espíritos, é mais de aparência do que de realidade, desde que, qualquer pessoa que ama, não terá dificuldade em descobrir o seu afeto de retorno em mil pequenos ou grandes informes que os tipificam, sem a necessidade mórbida de exigir-lhes minudências e sinais de que eles mesmos se desejam libertar, a fim de avançarem no rumo de outros valores, ricos de paz e alento, que lhes acenam felicidade e união, quando aqueles da retaguarda física, também amados, romperem as algemas da retentiva e seguirem ao seu encontro, num mundo que já preparam, para que lhes seja melhor do que este de provas e expiações de onde procedemos.

Fenômenos obsessivos

As obsessões de ordem espiritual, na qual se expressam, em pugna lamentável, homens e Espíritos, têm curso, normalmente, demorado.

Obedecendo a gêneses que procedem de reencarnações anteriores, traduzem-se por ódios furibundos; amores apaixonados, em situações frustrantes; cobiças exacerbadas; desforços bem programados numa esteira de incidentes que se sucedem sob chuvas de fé e azorragues de loucura.

Em todos os casos, o encarnado possui os condicionamentos que propiciam o nefando intercâmbio que, muitas vezes, não se interrompe com a morte física.

Porque a divina justiça se encontra insculpida na consciência da criatura, o delinquente ou réprobo proporciona os recursos predisponentes ou preponderantes para o conúbio devastador.

Preferências iguais assinalam o perseguidor e o perseguido, porque do mesmo nível de evolução moral. Temperamentos fortes, em face das aquisições negativas a que se dedicaram, identidade de interesses mesquinhos, decorrentes da viciação a que se entregaram, facultam ligações de igualdade fluídica, entrelaçando os litigantes no mesmo halo de comunhão, ampliando-se a interdependência na razão direta em que o *hospedeiro* se entrega ao *albergado* psíquico, interdependência que sempre, quando não cuidada, termina na *osmose parasitária* aniquiladora.

Desde que conhecidos e afins psiquicamente, o enfermo encarnado recusa a ajuda que lhe é oferecida, assimilando, prazerosamente, as induções que lhe chegam por via telepática e que incorpora aos hábitos aos quais se submete.

Quando a perturbação é causada por antagonista que ignora as técnicas de vampirismo – no caso das obsessões simples – fazem-se mais fáceis as psicoterapias libertadoras. Todavia, à medida que evolui o processo desagregador da personalidade, o algoz se adestra em mecanismos de controle da vontade da sua vítima, muitas vezes sob a orientação de impenitentes perseguidores outros, que se comprazem em produzir aflições nos homens.

São, então, armadas ciladas contínuas, e inumeráveis tentações se apresentam, disfarçadas, arrojando os incautos em compromissos mais graves, de lesa consciência, graças aos quais perde os contatos com os possíveis recursos de auxílio que são propiciados pela Providência.

Obnubila-se a razão, que se turba, fixando-se nas faixas da vinculação nefasta, não deixando claros mentais para as intuições lenificadoras, nem campo para as recapitulações positivas que dulcificam o sentimento, favorecendo a captação das ideias benéficas.

As obsessões enxameiam por toda parte e os homens terminam por conviver, infelizes, com essas psicopatologias para as quais, fugindo à sua realidade, procuram as causas nos traumas, nos complexos, nos conflitos, nas pressões sociais, familiares e econômicas, como mecanismo de fuga aos exames de profundidade da gênese real de tão devastadora enfermidade.

Não negando a preponderância de todos esses fatores que desencadeiam problemas de comportamento psicológico, afirmamos que eles antes de constituírem causa dos distúrbios são, em si mesmos, efeito de atitudes transatas, que o Espírito imprime na organização fisiopsíquica ao reencarnar-se, porquanto é sempre colocado no grupo familiar com o qual se encontra enredado, por impositivo de ressarcimento de dívidas, para o equilíbrio evolutivo.

Enquanto o homem não for estudado na sua realidade profunda – ser espiritual que é, preexistente ao corpo e a ele sobrevivente –, muito difíceis serão os êxitos da ciência médica, na área da saúde mental. As doenças psíquicas, entre as quais se destacam, pela alta incidência, as obsessões, continuarão ainda a perseguir o homem.

Todo comportamento que se exacerba ou se deprime, exaltando paixões e comandando desregramentos, fomentando ódios e distonias, guardam, na sua raiz, graves incidências obsessivas que merecem cuidados especiais.

É indispensável que a compreensão das finalidades da vida comande o pensamento do homem, oferecendo-lhe as seguras diretrizes para precatar-se contra essa epidemia voluptuosa, ao mesmo tempo armando os cultores das *ciências da alma* com os valiosos instrumentos para a terapia de profundidade, na qual ambos os enfermos – obsessor e obsidiado – sejam amparados, apaziguando-se e produzindo no bem, em favor de si mesmos e da comunidade em geral.

Não desejamos transferir para os Espíritos turbados ou maus as ocorrências desditosas na Terra, isentando os homens da responsabilidade que lhes cabe.

Afirmamos que partilham os desencarnados, mais do que se pensa, dos sucessos e acontecimentos humanos negativos, por assimilação e vinculação, nos quais se comprazem os encarnados, que lhes oferecem os meios e a sintonia para que tenham lugar esses fatos reprováveis.

É certo que, no sentido inverso, o intercâmbio com as Entidades evoluídas também se faz amiúde, num programa de amor e socorro ao ser humano, como expressão do divino auxílio.

Como, todavia, as manifestações mais primárias predominam nas atividades terrestres a incidência obsessiva torna-se mais volumosa, até que a criatura se descubra como é, filha de Deus e resolva-se a atender ao chamado paterno, avançando na Sua direção pelas vias do amor.

Moradas

Certa estranheza invade muitos leitores e pessoas desinformados a respeito da vida espiritual, quando tomam conhecimento da estrutura e constituição do mundo parafísico, bem como da sociedade onde se movimentam os sobreviventes ao túmulo.

Acostumados às notícias da teologia ortodoxa apresentada pelas religiões que estabeleceram regiões estanques para os Espíritos, quando vencida e superada essa crença armam-se de ceticismo, às vezes inconscientemente, em torno da organização e do *modus vivendi* dos que se libertaram do corpo, mas não saíram da Vida.

Um pouco de reflexão bastaria para contribuir de maneira positiva em favor do entendimento da vida e sua continuidade um passo além do túmulo.

Na Terra mesma, interpenetram-se vibrações e movimentam-se incontáveis expressões de vida, sem que o homem disso se dê conta.

Ondas de frequência variada cortam os espaços terrestres, carregadas de mensagens somente percebidas quando necessariamente transformadas em som e imagem por aparelhos especiais.

Raios de constituição diferente rompem os campos vibratórios em torno do planeta, auxiliando, estimulando e transformando os fenômenos biológicos sem que se possa percebê-los, senão através dos seus efeitos ou quando captados por equipamentos próprios.

A vida espiritual não é, conforme alguns pensam, semelhante à física ou cópia dela. Ocorre exatamente o contrário, sendo a terrena um símile imperfeito daquela que é causal, preexistente e sobrevivente.

Liberada da matéria densa, a alma não se transfere para regiões excelsas de imediato.

Há toda uma escala de valores a conquistar.

Os Espíritos vivem fora do corpo em conglomerados próprios, em sociedade mais harmônica ou mais atormentada, de acordo com o grau da evolução que os reúne por automatismo da afinidade vibratória, que decorre da identidade moral que os retém em campos de igual densidade de onda.

Sendo o pensamento a força criadora, é natural que este *construa* os recintos para habitação e instale, em nome do Pai, programas de ação que facultam os meios de crescimento para o Espírito, na direção dos mundos felizes, cuja constituição superior a nós nos escapa.

Nas faixas mais próximas da Terra, a vida se apresenta semelhante ao que se conhece no planeta, facilitando a adaptação para os recém-chegados e propiciando mais fácil intercâmbio com aqueles que estão instalados na matéria densa.

Conforme sucede no mundo objetivo, há uma escala de progresso cultural e moral cujos valores partem das manifestações mais primárias até os índices mais elevados. Consequentemente, há núcleos que refletem as condições sociomorais, socioeconômicas, socioculturais dos seus habitantes, desde choças e furnas até habitações saudáveis, belas e confortáveis...

As moradas do Além igualmente variam em densidade vibratória correspondente àqueles que as vêm habitar, felizes e liberados, ou noutras onde se demoram a dor, as misérias morais e as condições de insalubridade, todas elas em caráter sempre transitórios.

Em todo lugar, todavia, apresenta-se a misericórdia e o socorro do Pai, ao alcance de quem deseja progredir e ser ditoso, na faixa vibratória em que estacione.

Igualmente, convém considerar que urbanistas e engenheiros, cientistas e legisladores levam para a Terra as lembranças dos planos onde residiam e a eles retornam, periodicamente, através do parcial desdobramento pelo sono, acentuando lembranças que depois materializam em projetos e edificações avançados.

A ascensão dos seres somente ocorre mediante conquistas intransferíveis através do trabalho, método seguro para a aquisição da plenitude.

Movimentando, portanto, as energias cósmicas presentes no Universo, os Espíritos plasmam os seus Círculos de realização, nos quais estagiam entre uma e outra reencarnação, galgando Esferas que se apresentam em graus de evolução quase infinita.

"Na Casa do Pai – disse Jesus – há muitas moradas", não somente nos astros luminíferos que gravitam nos espaços siderais, mas também, em torno deles, como estações intermediárias entre uns e outros mundos que pulsam nas galáxias, glorificando a Criação.

TEMAS DA VIDA E DA MORTE

EDIÇÃO	IMPRESSÃO	ANO	TIRAGEM	FORMATO
1	1	1989	10.200	13x18
2	1	1989	10.200	13x18
3	1	1991	10.000	13x18
4	1	1996	13.000	13x18
5	1	2005	500	12,5x17,5
6	1	2006	1.000	12,5x17,5
6	2	2008	1.000	12,5x17,5
6	3	2010	500	12,5x17,5
7	1	2012	3.000	14x21
7	2	2013	3.000	14x21
7	3	2018	1.000	14x21
7	IPT*	2022	300	14x21
7	IPT	2023	200	14x21
7	IPT	2023	150	14x21
7	IPT	2024	250	14x21
7	IPT	2024	300	14x21
7	IPT	2025	150	14x21

*Impressões pequenas tiragens

O EVANGELHO NO LAR

Quando o ensinamento do Mestre vibra entre quatro paredes de um templo doméstico, os pequeninos sacrifícios tecem a felicidade comum.[1]

Quando entendemos a importância do estudo do Evangelho de Jesus, como diretriz ao aprimoramento moral, compreendemos que o primeiro local para esse estudo e vivência de seus ensinos é o próprio lar.

É no reduto doméstico, assim como fazia Jesus, no lar que o acolhia, a casa de Pedro, que as primeiras lições do Evangelho devem ser lidas, sentidas e vivenciadas.

O espírita compreende que sua missão no mundo principia no reduto doméstico, em sua casa, por meio do estudo do Evangelho de Jesus no Lar.

Então, como fazer?

Converse com todos que residem com você sobre a importância desse estudo, para que, em família, possam compreender melhor os ensinamentos cristãos, a partir de um momento de união fraterna, que se desenvolverá de maneira harmônica e respeitosa. Explique que as reflexões conjuntas acerca do Evangelho permitirão manter o ambiente da casa espiritualmente saneado, por meio de sentimentos e pensamentos elevados, favorecendo a presença e a influência de Mensageiros do Bem; explique, também, que esse momento facilitará, em sua residência, a recepção do amparo espiritual, já que auxilia na manutenção de elevado padrão vibratório no ambiente e em cada um que ali vive.

Convide sua família, quem mora com você, para participar. Se mora sozinho, defina para você esse momento precioso de estudo e reflexões. Lembre-se de que, espiritualmente, sempre estamos acompanhados.

Escolha, na semana, um dia e horário em que todos possam estar presentes.

O tempo médio para a realização do Evangelho no Lar costuma ser de trinta minutos.

---

[1] XAVIER, Francisco Cândido. *Luz no lar*. Por Espíritos diversos. 12. ed. 7. imp. Brasília: FEB, 2018. Cap. 1.

As crianças são bem-vindas e, se houver visitantes em casa, eles também podem ser convidados a participar. Se não forem espíritas, apenas explique a eles a finalidade e importância daquele momento.

O seguinte roteiro pode ser utilizado como sugestão:

1. Preparação: leitura de mensagem breve, sem comentários;
2. Início: prece simples e espontânea;
3. Leitura: *O evangelho segundo o espiritismo* (um ou dois itens, por estudo, desde o prefácio);
4. Comentários: breves, com a participação dos presentes, evidenciando o ensino moral aplicado às situações do dia a dia;
5. Vibrações: pela fraternidade, paz e pelo equilíbrio entre os povos; pelos governantes; pela vivência do Evangelho de Jesus em todos os lares; pelo próprio lar...
6. Pedidos: por amigos, parentes, pessoas que estão necessitando de ajuda...
7. Encerramento: prece simples, sincera, agradecendo a Deus, a Jesus, aos amigos espirituais.

As seguintes obras podem ser utilizadas nesse momento tão especial:

- *O evangelho segundo o espiritismo*, como obra básica;
- *Caminho, verdade e vida*; *Pão nosso*; *Vinha de luz*; *Fonte viva*; *Agenda cristã*.

Esse momento no lar não se trata de reunião mediúnica e, portanto, qualquer ideia advinda pela via da intuição deve permanecer como comentário geral, a ser dito de maneira simples, no momento oportuno.

No estudo do Evangelho de Jesus no Lar, a fé e a perseverança são diretrizes ao aprimoramento moral de todos os envolvidos.

LITERATURA ESPÍRITA

Em qualquer parte do mundo, é comum encontrar pessoas que se interessem por assuntos como imortalidade, comunicação com Espíritos, vida após a morte e reencarnação. A crescente popularidade desses temas pode ser avaliada com o sucesso de vários filmes, seriados, novelas e peças teatrais que incluem em seus roteiros conceitos ligados à Espiritualidade e à alma.

Cada vez mais, a imprensa evidencia a literatura espírita, cujas obras impressionam até mesmo grandes veículos de comunicação devido ao seu grande número de vendas. O principal motivo pela busca dos filmes e livros do gênero é simples: o Espiritismo consegue responder, de forma clara, perguntas que pairam sobre a Humanidade desde o princípio dos tempos. Quem somos nós? De onde viemos? Para onde vamos?

A literatura espírita apresenta argumentos fundamentados na razão, que acabam atraindo leitores de todas as idades. Os textos são trabalhados com afinco, apresentam boas histórias e informações coerentes, pois se baseiam em fatos reais.

Os ensinamentos espíritas trazem a mensagem consoladora de que existe vida após a morte, e essa é uma das melhores notícias que podemos receber quando temos entes queridos que já não habitam mais a Terra. As conquistas e os aprendizados adquiridos em vida sempre farão parte do nosso futuro e prosseguirão de forma ininterrupta por toda a jornada pessoal de cada um.

Divulgar o Espiritismo por meio da literatura é a principal missão da FEB, que, há mais de cem anos, seleciona conteúdos doutrinários de qualidade para espalhar a palavra e o ideal do Cristo por todo o mundo, rumo ao caminho da felicidade e plenitude.

O LIVRO ESPÍRITA

Cada livro edificante é porta libertadora.

O livro espírita, entretanto, emancipa a alma nos fundamentos da vida.

O livro científico livra da incultura; o livro espírita livra da crueldade, para que os louros intelectuais não se desregrem na delinquência.

O livro filosófico livra do preconceito; o livro espírita livra da divagação delirante, a fim de que a elucidação não se converta em palavras inúteis.

O livro piedoso livra do desespero; o livro espírita livra da superstição, para que a fé não se abastarde em fanatismo.

O livro jurídico livra da injustiça; o livro espírita livra da parcialidade, a fim de que o direito não se faça instrumento da opressão.

O livro técnico livra da insipiência; o livro espírita livra da vaidade, para que a especialização não seja manejada em prejuízo dos outros.

O livro de agricultura livra do primitivismo; o livro espírita livra da ambição desvairada, a fim de que o trabalho da gleba não se envileça.

O livro de regras sociais livra da rudeza de trato; o livro espírita livra da irresponsabilidade que, muitas vezes, transfigura o lar em atormentado reduto de sofrimento.

O livro de consolo livra da aflição; o livro espírita livra do êxtase inerte, para que o reconforto não se acomode em preguiça.

O livro de informações livra do atraso; o livro espírita livra do tempo perdido, a fim de que a hora vazia não nos arraste à queda em dívidas escabrosas.

Amparemos o livro respeitável, que é luz de hoje; no entanto, auxiliemos e divulguemos, quanto nos seja possível, o livro espírita, que é luz de hoje, amanhã e sempre.

O livro nobre livra da ignorância, mas o livro espírita livra da ignorância e livra do mal.

Emmanuel[1]

---

1 Página recebida pelo médium Francisco Cândido Xavier, em reunião pública da Comunhão Espírita Cristã, na noite de 25 de fevereiro de 1963, em Uberaba (MG), e transcrita em *Reformador*, abr. 1963, p. 9.

FEB editora
Livro espírita para um novo mundo
www.febeditora.com.br
@febeditoraoficial
@febeditora

Conselho Editorial:
Carlos Roberto Campetti
Cirne Ferreira de Araújo
Evandro Noleto Bezerra
Geraldo Campetti Sobrinho – Coord. Editorial
Jorge Godinho Barreto Nery – Presidente
Maria de Lourdes Pereira de Oliveira
Miriam Lúcia Herrera Masotti Dusi

Produção Editorial:
Elizabete de Jesus Moreira

Revisão:
Elizabete de Jesus Moreira

Capa, Projeto Gráfico e Diagramação:
Ingrid Saori Furuta

Foto de Capa:
wingmar | istockphoto.com

Normalização Técnica:
Biblioteca de Obras Raras e Documentos Patrimoniais do Livro

Esta edição foi impressa no sistema de Impressão pequenas tiragens, em formato fechado de 140x210 mm e com mancha de 94x152 mm. Os papéis utilizados foram o Off white 80 g/m² para o miolo e o Cartão 250 g/m² para a capa. O texto principal foi composto em fonte Adobe Garamond Pro 12/16,2 e os títulos em District Thin 20/16,2. Impresso no Brasil. *Presita en Brazilo.*